EINE KLEINE LANDESBIBLIOTHEK

Herausgegeben von

Hermann Bausinger, Friedemann Schmoll,
Monique Cantré und Werner Witt

Band 6

Friedrich Theodor Vischer

Kritische Skizzen

Eingeleitet und herausgegeben von
Hermann Bausinger

Klöpfer & Meyer

Die Texte, deren Rechtschreibung behutsam modernisiert wurde, basieren auf folgenden Ausgaben: *Kritische Gänge*, hg. von Robert Vischer. Band I und II, Leipzig 1914; Zweite vermehrte Auflage, Band III, Berlin und Wien 1920, Band IV–VI, München 1922. *Auch Einer.* Eine Reisebekanntschaft (= Ausgewählte Werke, 2. Band, hg. von Gustav Keyßner), Stuttgart und Berlin 1918. *Lyrische Gänge.* 5. Auflage, Stuttgart 1909.

ISBN 978-3-940086-55-6

Redaktion: Andreas Vogt, Tübingen.
Umschlaggestaltung: Christiane Hemmerich Konzeption und Gestaltung, Tübingen.
Herstellung, Gestaltung und Satz: niemeyers satz, Tübingen.
Druck und Einband: Pustet, Regensburg.

Mehr über das Verlagsprogramm von Klöpfer & Meyer finden Sie unter *www.kloepfer-meyer.de*

Inhalt

Politik

Körper

Mode

Traum

Kunst

Sprache

Kritik und Poesie

Eine Einleitung

Mein Wunsch war eigentlich Maler zu werden. So beschreibt der alte Vischer seine Jugendträume, und er fügt hinzu: *Alles Bild entzückte mich.* Die später gelegentlich rasch hingeworfenen Zeichnungen sprechen für seine Begabung, und die regelmäßigen Besuche in den Werkstätten bedeutender Künstler bezeugen die Ernsthaftigkeit seines Interesses. Aber es waren gerade diese Künstler, die ihn vor den Risiken warnten, und tatsächlich wiesen ihn die äußeren Umstände in eine andere Richtung. 1807 ist er in Ludwigsburg geboren, als er sieben war, starb der Vater, ein angesehener evangelischer Geistlicher. Die Mutter zog mit dem kleinen Fritz Vischer und seinen beiden Geschwistern in eine Stuttgarter Dachwohnung. In Stuttgart ging Vischer ins Gymnasium, und die weiteren Stationen waren vorgezeichnet: Das »Landexamen« öffnete ihm den Zugang zum »Kloster«, in das er als 14jähriger »eingeliefert« wurde. Auf das Seminar in Blaubeuren folgte das Studium im Tübinger Stift; wer nicht aus einem reichen Elternhaus kam, war auf die theologische Laufbahn verwiesen, da nur sie durch Stipendien abgesichert war.

Vischer ging diesen Weg eher widerwillig und beklagte später die verlorenen Jahre. Das war eine vordergründige Rechnung; man kann ebenso gut sagen, dass jene Ausbildung seine spätere Karriere in doppelter Weise fundierte. Einmal dadurch, dass die Lehrer *einen berühmt soliden Grund humanistischer Bildung* legten, wie er selber schrieb; zum andern aber dadurch, dass er zu einer gewissenhaften Auseinandersetzung mit der Theologie gezwungen war – einer Auseinandersetzung, die ihn mehr und mehr von der kirchlichen Linie entfernte. Er bestand die theologischen Examina, war kurze Zeit Vikar in Horrheim und übernahm dann eine Repetentenstelle am Tübinger Stift. Aber als ihm eine Pfarrstelle in Herrenberg angeboten wurde, rief er aus: *Nicht mit sechs Hengsten bringt man mich nach Herrenberg.*

Da war sicher Besorgnis im Spiel, er lande dort in allzu engen Verhältnissen; aber er löste sich nun auch endgültig von der vorgezeichneten und eingezäunten beruflichen Bahn: *Mit leichtem Entschlusse verließ ich denn vermögenslos, wie ich war, eine Laufbahn, die ein gesichertes Brot mir vor den Mund hielt ...*

Vischer wandte sich an der Tübinger Hochschule der Philosophie und der Literaturwissenschaft zu; er erhielt die Berechtigung zur Lehre in den Bereichen Ästhetik und deutsche Literatur und wurde nach der Habilitation, noch nicht 30jährig, außerordentlicher Professor. Mit seiner Bewerbung um eine ordentliche Professur (erst sie gewährte ausreichenden Lebensunterhalt) stieß er auf erhebliche Schwierigkeiten. Seine freisinnige Einstellung hatte er nicht nur in seinen Lehrveranstaltungen, sondern auch in verschiedenen Aufsätzen demonstriert; innerhalb der Universität und mehr noch in der Kirche formierte sich eine resolute Gegnerschaft. Als er schließlich doch ernannt wurde, provozierte er mit seiner Antrittsvorlesung wütende Angriffe und – nach einigem Hin und Her zwischen Senat und Ministerium – eine Maßregelung: Er wurde zwei Jahre vom Dienst beurlaubt, allerdings bei voller Bezahlung. Er nützte die Zeit zur Arbeit an seinem wissenschaftlichen Hauptwerk, das er erst zehn Jahre später abschloss: »*Ästhetik oder die Wissenschaft vom Schönen*«, eine drei dicke Bände umfassende Systematik der Künste.

Kaum hatte er die Lehrtätigkeit wieder aufgenommen, gab es eine weitere Unterbrechung: Als liberaler Abgeordneter des Wahlkreises Reutlingen–Urach kam Vischer in die Nationalversammlung und zog mit seiner kleinen Familie nach Frankfurt. Dieses politische Engagement war für ihn selbstverständlich, und seinen Freunden David Friedrich Strauß und Christian Märklin schrieb er: *Ich befehle Euch beiden im Namen des Vaterlands, dass Ihr sowohl alle Blasiertheit, als auch alle Skrupel und falsche Bescheidenheit abwerft und Eurer Pflicht gehorcht, Euch um Abgeordnetenstellen umzutun* – im Fall der Weigerung erklärte er sie burschikos für *Sauseckel*.

Nachdem das Frankfurter Parlament gescheitert und auch das Stuttgarter Rumpfparlament aufgelöst war, kehrte Vischer, nach etwas mehr als einem Jahr, an die Tübinger Universität zurück und blieb nun der akademischen Lehre treu. 1855 nahm er einen Ruf nach Zürich an. Er nahm damit Abschied von der Universität, die ihn verbannt hatte, und er nahm den Wechsel zum Anlass für die Trennung von seiner Frau, einer katholischen Österreicherin, die ihm relativ fremd geblieben war, und dem gemeinsamen Sohn. Als wirkliche Befreiung empfand er die Trennung nicht, und so sehr er den freien Geist in der Schweiz schätzte und lobte – es blieben viele Verbindungsfäden in die alte Heimat. Als sich der württembergische Kultusminister Mitte der 60er Jahre um seine Rückkehr bemühte, sah Vischer darin einen Akt der Wiedergutmachung durch die Stuttgarter Regierung, der ihm willkommen war. Allerdings strebte er nicht nach Tübingen, mit dessen bedrückender Enge sich der weltoffene und weitgereiste Mann nicht abfinden konnte; er folgte dem Ruf erst, als seine Professur der Universität Tübingen *und* dem Polytechnikum in Stuttgart zugeordnet wurde. Die wechselnde Lehrtätigkeit beendete er zwei Jahre später, 1868; er lehnte einen ehrenvollen Ruf nach München ab und blieb nun ganz in Stuttgart. Noch in seinem Todesjahr 1887 las der 80jährige hier über Goethes »Faust«.

So wirkungsvoll seine Vortragstätigkeit nach dem Zeugnis verschiedener Zeitgenossen war – der Anspruch auf bleibendes Gedächtnis leitet sich vor allem ab aus Vischers literarischer Produktion, die nur zum Teil in unmittelbarem Zusammenhang mit seiner akademischen Tätigkeit stand. Zur sogenannten schönen Literatur schwang er sich erst in der letzten Lebensphase auf. Mit 77 schrieb er sein einziges Theaterstück, in dem er das Honoratiorenschwäbisch zur Geltung bringt; es spielt in einem schwäbischen Pfarrhaus, der Titel »*Nicht I a*« zielt auf die Examensnote, die der Pfarrherr von seinem Vikar und künftigen Schwiegersohn verlangt, die dieser aber nicht erreicht. Und Vischer war auch schon über 70, als sein Roman »*Auch Einer*« erschien. Er selbst charakterisierte ihn als *närrische Komposition*, und in der Tat handelt es sich um eine seltsame Zusammenstellung: Ein Drittel nimmt eine Pfahldorfgeschichte ein, die der damals ausgebrochenen Vorzeitbegeisterung ironisch begegnet; ein weiteres Drittel füllt das Tagebuch der Titelfigur Albert Einhart, A. E., Auch Einer. Und nur das restliche Drittel ist der Geschichte von A. E. vorbehalten, wobei die Erzählung immer wieder durch Reflexionen unterbrochen wird. Der Titelheld ist ein aufrechter Mann, der aber ständig von Unsicherheiten und psychischen Irritationen geplagt wird; er verkörpert, was Vischer von sich selber sagte: *Ich bin ein überzwercher Kerl.* Vor allem erfährt A. E. immer wieder *die Tücke des Objekts* – ein Ausdruck, den Vischer geprägt, der aber längst in den allgemeinen Sprachgebrauch Eingang gefunden hat. Der

Roman gibt nicht nur lebendige Beispiele wie das peinliche Niesen, das einen Hochzeitsantrag verhindert, oder das Tintenfass, das über einem fertigen Manuskript ausgegossen wird; er wendet das Geschehen hin und her und reflektiert über das Spannungsfeld zwischen dem Erhabenen und dem Komischen, dem schon Vischers Habilitationsschrift gewidmet war.

Keine normal fortschreitende Handlung also, sondern ein mit allgemeineren Beobachtungen und Reflexionen gespicktes Buch. Aber wenn man sich damit abfindet, stößt man auf interessante und amüsante Partien. Vischers Stärke lag nicht in der reinen Poesie und eigentlich auch nicht in der reinen Wissenschaft, obwohl manche literaturwissenschaftlichen Arbeiten und auch manche Perspektiven seiner Ästhetik nicht überholt sind. *Ein Denker und ein Künstler sind in ihm vereinigt*, schrieb der Germanist Hermann Fischer über seinen akustischen Namensvetter; seine Domäne war die Verbindung lebendiger Beobachtung, wacher Reflexion – und eindringlicher sprachlicher Gestaltung. Am sichersten kommt dies zum Ausdruck in seinen Essays. Vischer schrieb Abhandlungen für Jahrbücher und Zeitschriften, und auch an Tageszeitungen lieferte er Beiträge. Viel davon passte ins Ressort der Ästhetik, dessen Grenzen er von Anfang an sehr weit zog; aber darüber hinaus nahm er auch zu aktuellen Ereignissen, zu politischen Problemen, zur gesellschaftlichen Entwicklung und zu psychologischen Fragen Stellung –

er verstand sich auch als Journalist. Darin liegt einerseits ein besonderer Reiz seiner Schriften; andererseits geraten sie damit auch leicht in die komische Verfassung verblasster Neuigkeiten. Das ist ein Grund dafür, dass für diese Sammlung Kürzungen in Kauf genommen wurden; viele seiner Essays enthalten Fakten oder Anspielungen, die für heutige Leser umständlich erklärt und erläutert werden müssten. Dazu kommt ein quantitativer Aspekt. Es handelt sich überwiegend um recht lange Beiträge; schon die Rezension eines einzelnen Buches konnte bei ihm mehr als hundert Seiten füllen. Vischer selbst hat seine Aufsätze in sechs dicken Bänden zusammengestellt, denen er den Titel »*Kritische Gänge*« gab. Die *Kritischen Skizzen*, die hier vorgestellt werden, sind größtenteils Auszüge daraus, die aber doch die Eigenart und den Reiz seiner literarischen Schöpfungen deutlich machen.

Bei Vischer erscheinen Poesie und Kritik nicht als getrennt auftretende Qualitäten. Es handelt sich um poetische Formung der Kritik und um kritisch-reflexive Durchdringung der Poesie – poetische Kritik und kritische Poesie. Vischer wählt treffsicher die passenden Wörter, um Zustände und Befindlichkeiten zu charakterisieren. Wenn er eine Landschaft schildert (in seinen Reiseskizzen ist das naturgemäß häufig der Fall), meidet er jeden Anflug von Sentimentalität, alles Romantische ist ihm fremd; aber mit ein paar kräftigen Adjektiven und in genauer Vermessung stellt er den Lesern

Formen und Farben vor Augen. Und wo er Menschen beschreibt, rückt er sie näher durch kleine Anekdoten oder zielt mit wenigen Charakteristiken aufs Wesentliche. In dem schönen Nachruf auf Ludwig Uhland bringt er übrigens beides zusammen: In wenigen Strichen malt er das Bild der Gegend, in der Uhland lebte, es ist eine der überzeugendsten Beschreibungen schwäbischer Landschaft; und dann leitet er über zu dem Dichter, in dessen Wesen er Züge jener Landschaft wiederentdeckt.

Mit seinen Beschreibungen bleibt er nie an der Oberfläche, sondern deckt tiefere Zusammenhänge auf. Das gilt für seine Reiseskizzen, in denen er die Bilder von Städten und Landschaften mit historischen Hinweisen unterfüttert, und es gilt auch für die von ihm entworfenen Porträts. Sie nehmen in seinen Veröffentlichungen beträchtlichen Raum ein. Ein Teil ist wirklichen Personen gewidmet – wie über Uhland, so äußerte er sich auch ausführlich über Jean Paul, über seinen Ludwigsburger Landsmann Mörike und über David Friedrich Strauß – auch er ein Ludwigsburger, den Vischer schon in der Kindheit kannte und mit dem er später im Seminar das Zimmer teilte. Aber auch literarische Figuren hat Vischer porträtiert, solche von Zeitgenossen wie Gottfried Keller, vor allem aber auch von Shakespeare und Goethe geschaffene Gestalten. Vischers Vermögen, psychische Strukturen in ihrer Tiefe analytisch aufzuschließen, kommt auch in seiner Traum-Studie zum

Ausdruck. Im Ansatz handelt es sich dabei um den kritischen Bericht über die Arbeit eines jungen Philosophen; aber Vischer bringt, wie immer, eigene Gedanken und Theorien ein, die Manches von dem vorwegnehmen, was Sigmund Freud ein Vierteljahrhundert später über den Traum schrieb.

Vischers Aufsatz zeigt auch seinen Sinn für Komik und für das Skurrile, das ja nicht nur in den seltsamen Kombinationen der Träume und in den Tücken des Zufalls begegnet, sondern zu dem auch die Sprache den Zugang öffnet. Vischer formulierte nicht nur treffend, sondern vielfach auch witzig. Als 18jähriger schrieb er in Blaubeuren einen Beitrag zum »Lagerbuch« seiner Promotion; übermütig schildert er darin in gestelzten Hexametern die jugendlichen Exzesse, gleich ob es sich um *Doktors gebratene Gans und holzvielhabende Töchter* oder um den Alkohol handelt: *Ha! wie schäumte das Bier, wie schienen die Köpfe im Nimbus / Und wie lallten die Zungen, die bierbelasteten, ringsum.* Seine Briefe sind gespickt mit pfiffigen Formulierungen, und auch über seine Vorlesungen und Reden waren heitere Anekdoten im Umlauf. Den Erlass des Ministeriums über sein zeitweiliges Berufsverbot erhielt er an dem Tag, an dem seine Frau in der Nacht das erste Kind geboren hatte; Vischer soll seinen Studenten beide Ereignisse so mitgeteilt haben: *Ich habe heute einen großen Wischer und einen kleinen Vischer, eine kleine Unmuße und eine große Muße erhalten.* Das bekannteste Zeugnis seiner satirischen Begabung ist seine Faust-Parodie, die er unter dem Pseudonym *Deutobold Symbolizetti Allegoriowitsch Mystifizinsky* veröffentlichte, nicht um sich zu verstecken, sondern um sein Programm anzudeuten – so hoch er Goethes Dichtung insgesamt und auch den ersten Teil des »Faust« schätzte, so wenig konnte er sich mit dem *halbkindischen Altersprodukt* des zweiten Teils anfreunden. Seine Parodie wendet sich aber nicht nur gegen Goethe, sondern vor allem auch gegen dessen Interpreten. Für sie findet er die Bezeichnungen *Stoffhuber* und *Sinnhuber*, und sie treten in seinem Stück unter sprechenden Namen auf wie *Brösamle* auf der einen, *Grübelwitz* auf der anderen Seite.

Auch in seinen kritischen Aufsätzen kultiviert Vischer das witzige Sprachspiel. Seine Brandreden gegen die Mode würzt er mit Kaskaden von Schimpfwörtern, die er zum Teil erfunden hat; und seine Beschreibung der Modetorheiten ist ebenso boshaft wie witzig. Am Beispiel der Aufsätze zu diesem Thema lässt sich der bleibende Wert seiner Schriften gut demonstrieren. Die Krinoline, die er in immer wieder neuen Anläufen demontiert, ist heute höchstens noch auf dem Theater zu sehen. Aber der Reifrock steht für alle Auswüchse des Modischen, und Vischers Kritik an der Macht der Mode und ihren Kapriolen lässt sich auch auf die heutigen Verhältnisse anwenden. Das gilt allgemein: Die Anlässe seiner Kritik sind oft längst vergessen, aber Vischers

Reaktionen vermitteln immer noch gültige Argumente, stilistisch brillant und oft in amüsanter Diktion.

Die Unsitte, dass Fahrgäste in der Bahn die Füße aufs Polster der Sitze legen, ist zwar keineswegs völlig verbannt; aber Vischers Stellungnahme ist doch an eine inzwischen antiquierte Konstellation gebunden. Trotzdem lohnt der Blick auf seine Argumente und auf die Art, in der er sie vorträgt. Er spricht von *Fußflegelei*, ein Wort, das strenge Pädagogen später auf das von ihnen verdammte Fußballspiel bezogen. Voran stellt er *Podoböotismus*, die entsprechende aus dem Griechischen abgeleitete Bezeichnung, die in komischem Kontrast zu dem damit anvisierten Unfug steht. Dieser Artikel hatte übrigens, wenn man das Wort nicht zu schwergewichtig versteht, außenpolitische Folgen, denn er wurde in der englischen Presse mit einer Gegenattacke aufgegriffen: Man solle in Deutschland bedenken, auf was Fürst Bismarck mit seinen derben und unsauberen Stiefeln die Füße setze – was Vischer zum erneuten Angriff auf die *Fußrecklümmel* verleitete.

Diplomatisches Verhalten war seine Sache nicht. Die Lust an der Kritik und an sprachlichen Varianten der Beschimpfung entfaltete oft ihre eigene Dynamik, und wenn zum Vergnügen am Sprachwitz die Wut auf schiefe oder verlogene Verhältnisse kam, ging mit Vischer schon auch einmal der Gaul durch. In seiner hemmungslosen Kritik an den Pietisten war dies der Fall; hier wirkten die Verletzungen nach, die ihm von jener Seite beigebracht worden waren. Im ganzen aber war Vischers Kritik an kirchlichen Dogmen und religiösen Formen keine billige Mäkelei, sondern eine aus tiefem Ernst geborene Argumentation. Friedrich Theodor Vischer hat sich auch immer wieder kritische Gedanken über seine Neigung zur Kritik gemacht. Ein Gedicht von ihm beginnt: *Kritik ist keine Sichel / Zu mähen kurz und klein* – doch dann folgen die Reimzeilen: *Aber Verehrungsmichel / Kann man doch auch nicht sein.*

In Vischers Kritik schwingt grundsätzlich Verantwortung mit – Verantwortung für den Bestand von Humanität und Freiheit. Dieses Verantwortungsgefühl stand hinter manchem speziellen Engagement wie dem Tierschutz, für den Vischer zeitlebens kämpfte, aber es bestimmte auch seine kritische Einstellung in größeren politischen, weltanschaulichen und religiösen Fragen. Wenn er etwas als richtig erkannt hatte, hielt er damit nicht hinterm Berg.

Wahrheit geht über Rücksicht, schrieb er; daran hat er sich gehalten. Man mag ihm vorwerfen, dass er, wie alle Missionare, *seine* Wahrheit und *die* Wahrheit manchmal verwechselte; aber oft genug hat er die Dinge ins richtige Licht gerückt.

Hermann Bausinger

Schwaben

Unser Klima ist günstig, unser Boden fruchtbar; wir erzeugen Wein und trinken Wein. Der Schwabe ist lebhaft und flink wie alle Weintrinker; nur durch die blöde Oberfläche, die Abneigung gegen alle Affektation, die er irrig auf jede gewandte Form überträgt, die Schamhaftigkeit gegen jede allzu hastige Beweglichkeit des geistigen Interesses scheint er phlegmatisch. Doch bietet unser Boden keinen leicht zu erwerbenden Genuss, die Übervölkerung fordert mühsamen Fleiß. Der württembergische Bauer und Weingärtner ist durch seinen Fleiß berühmt, aber auch den anderen Ständen darf man Liebe zu angestrengter Tätigkeit nachrühmen. So arbeitet die Natur im harten Kampfe sich ab, der Wille fühlt sich, und das glückliche, aber unfreie Behagen eines Naturvolks liegt weit hinter uns. Wir haben keinen Überfluss, um epikureisch gestimmt zu werden, und doch reichlich genug, um, wie alle Süddeutschen, in der Kargheit des deutschen Flachlandes uns unheimlich zu fühlen. Man darf dem Oberdeutschen nicht so übelnehmen, dass er mit einem kleinen Schauder an die schmalen Bissen im Norden denkt; er fühlt, dass es nicht das Schlimmste in seinem Naturell ist, was mit der reicheren Fülle seiner Genüsse zusammenhängt. Ich erinnere mich, wie mich im Theater zu Berlin bei der Aufführung eines glänzenden Balletts plötzlich der Gedanke überfiel: so viel Pracht, und doch haben sie keinen Wein! Die Rebenhügel des milden Schwabens taten sich vor mir auf, ich hörte das Jauchzen der Winzer, ein schmerzliches Mitleid mit den Bewohnern dieses kargen Bodens, ein großes Heimweh kam über mich. (...)

Es ist nicht zu leugnen, dass bei aller Wärme und Zutraulichkeit des geselligen Lebens in Schwaben weit weniger Heiterkeit, Sorglosigkeit, unbefangene Hingebung an Genuss und Zerstreuung sich findet als in den katholischen Ländern Süddeutschlands und auch in den protestantischen Distrikten am Rheine und in Franken. Es ist etwas Nachdenkliches, Skrupulöses, Sorgenvolles, ja Tristes, was den Schwaben auch in seinen Zerstreuungen verfolgt. Der Bauer, der Weingärtner, der Handwerker trinkt sich wohl auch, wenn die Börse reicht, seinen tüchtigen Rausch, jauchzt und tanzt, aber wer einem fränkischen, bayerischen, österreichischen, badischen Volksfeste beiwohnt, findet ein weit farbenhelleres Bild, volleres Behagen, unbedingtere Lustigkeit. Abgearbeitete, sorgenvolle, gedrückte, submisse Physiognomien, die ursprüngliche Kraft und Schönheit der Rasse degeneriert, verkrüppelt durch harte Arbeit; nur der Schwarzwälder, die derbe Steinlacherin, der

Älbler und der wohlhabende Städter erinnern dich, wie saftig und rotbackig, großgliedrig und stämmig ursprünglich diese Bevölkerung ist. Wo schon das Kind schwere Lasten Holz aus dem Walde, schwere Bütten die Weinberge hinaufschleppen, hacken, frieren, hungern muss, da kann kein schönes Fleisch gedeihen; unser Militär ist das kleinste und leibarmste in ganz Deutschland, aber flink, tapfer, die Sehnen zu großer Ausdauer gehärtet. Außer diesen äußeren Momenten haben auch innere eingewirkt, vor allem der düstere Rigorismus, der unverkennbar mit der Einführung der Reformation in unserem Lande sich verband, – ein Moment, auf das wir wiederholt werden zurückkommen müssen – ein melancholischer Lebensernst, der sich über die Schmerzen und die Schuld der Endlichkeit nicht leicht hinwegtäuscht, wie eine katholische Bevölkerung, welche den Kampf der Reue und Entsagung aus dem Innern herauswirft, auf den Priester abladet, durch Bußwerke und die magische Kraft der Absolution sich erspart. Die Volkstracht ist eben nicht geeignet, einen heiteren Eindruck zu machen; nur in ganz kleinen Distrikten hat sich beim weiblichen Geschlechte romantischer Schnitt und bunte Farbe erhalten, sonst herrscht überall das melancholische Schwarz und Grau, bei den Männern hat sich gar ein halbmoderner Schnitt, natürlich zur Karikatur entstellt, eingedrängt. So auffallend ist hierin der Abstrich zwischen der katholischen und protestantischen Bevölkerung, dass unmittelbar angrenzende Ortschaften nach der Konfession vollständig verschiedene Tracht haben: die katholischen Weiber hohe, goldgestickte Hauben, rote Mieder, lange Schnürleiber, blaue und rote Röcke, kurz, alles wohlgefälliger, bunter; die protestantischen unförmlich und schwarz. Dies beweist, dass hier ebenfalls der Rigorismus protestantischer Geistlichen im Anfange der Reformation eingegriffen haben muss. Solche scheinbare Äußerlichkeiten sind wesentlicher, als man glaubt: die Verbannung des Romantischen aus der unmittelbaren Wirklichkeit verändert die ganze Gestalt des Bewusstseins, oder ist ein Beweis ihrer Veränderung, am richtigsten beides. (...)

Sparsamkeit, Solidität, Behaglichkeit und Reinlichkeit ohne Übermaß sind die Tugenden, wodurch das schwäbische Haus sich vorteilhaft von dem österreichischen Phäakenleben, der Verschwendung, Putz- und Genusssucht mancher badischen Städte, der häufigen häuslichen Zerrüttung des Bayern unterscheidet. Zugleich ist aber eine gewisse Enge des Horizonts, eine große Dosis provinziell philisterhafter Beschränkung die Folge dieses eng geschlossenen Familienwesens; die Kleinheit des Landes und seine Abgelegenheit vom größeren Verkehre kommt hinzu und erzeugt jenes Aufgucken und Gaffen, wenn ein Fremder mit fremden Formen und Sitten sich sehen lässt, was von diesem leicht als Ungastlichkeit angesehen wird. (...)

Die Treue, Biederkeit, Keuschheit, Sittenreinheit, die

man den Schwaben mit Recht nachrühmt, ist die bessere Seite der Folgen jenes engen und strengen Familiengeistes. Jenes gediegene Schrot und Korn langsam reifender substanzieller Charaktere hat hierin seinen Ursprung. Aber hier ist auch einer sehr üblen Seite zu gedenken, die man uns neuerdings von immer mehreren Seiten vorwirft. Es ist die gegenseitige moralische Beaufsichtigung, der Tugend-Zelotismus, das schielende, hämische Sichbekümmern um das Privatleben des Nebenmenschen, das Köpfezusammenstoßen, Einanderzupfen und Zusammenflüstern: »So recht! O je! Guck au! Der do!« Ob du ein träger, gewissenloser Beamter, ein Betrüger, ein Dieb, ein Lügner, ein Barbar, ein Säufer, ein Fresser bist, wird weit nicht mit der Wichtigkeit untersucht, als ob du nicht in einem Punkte menschlich gewesen seiest, in welchem die Lüsternheit sich gerne durch Erforschung fremder Sünden für eigene Entbehrungen entschädigt und so eine viel schlimmere Sinnlichkeit an den Tag legt, als diejenige ist, welcher sie nachforscht. Pharisäismus ist die Springfeder und verstärkte Wirkung dieses Hinschielens nach dem Nachbar. Die Kleinheit des Landes wirkt mit, alles ist Vetter und Base, alles kennt sich und fragt nach einander.

Dr. Strauß und die Württemberger.
(Kritische Gänge I, 1–106; 1844)

Schon oft hat man die Züge von Uhlands Muse mit dem Charakter der schwäbischen Landschaft verglichen; auch ich, wenn ich mein Vaterland besuchte, wenn der Dampfwagen von der Albhöhe zu Tale gerollt war, wenn die Berge, Burgen, Wälder und Auen nun vor den Augen sich auftaten, habe mir mehr als einmal gesagt: dies ist nun doch recht natürlich die Heimat Uhlands. Es will mir nur scheinen, als liebe man die beiden zu sehr nur obenhin zu vergleichen. Der Grundstock Schwabens, die Alb, zeigt im großen herbe, eckige, ja trockene Umrisse. Auf wenige Teile passt Hölderlins schönes Wort: »Das wogende Gebirge«; schwungvoller Linienzug ist nicht häufig, am meisten heben sich durch reine, fließende Formen, selbst südlicher Zeichnung vergleichbar, einzelne Vorberge, wie Achalm und Hohenstaufen. Ähnliches gilt von den Höhen des württembergischen Schwarzwaldes; sie bauen sich nicht in so schönen Verhältnissen, wie man sie im Badischen findet, wenn man etwa oberhalb Freiburg den Belchen und seine Umgebung überschaut. Durch die Ebenen des Unterlandes zieht sich manche größere und kleinere Höhenkette, häufig mit anmutigen, weichen, sanften, selten mit stolzen, vielfach mit eintönigen, schleichenden, klumpigen Formen; rasche, entschlossene, freie und leichte Steigung der Linie wird man nur sehr ausnahmsweise finden. Tritt man aber jenem unserem Mittelgebirge, der Alb, näher, modelliert die Sonne scharf ihre Abhänge, ihre Täler, ihre Felsen, so wird man die

Befriedigung fühlen, die der Eindruck des tüchtig Eigentümlichen gibt; man wird sich sagen: dies alles ist etwas eigensinnig, aber durchaus individuell, es hat Physiognomie, es hat Charakter. Es gibt Tage, Stunden, wo der ganze Gebirgszug sich in ein tiefes Graublau kleidet; da hat man so recht die Empfindung des kraftvoll Spröden, des Stählernen, und wenn die Abendsonne ihr Gold, ihren Purpur in diese tiefen Farbentöne wirft, so fühlt sich die Phantasie wie in ein Reich dunkel glühender Kraft getragen. Lockt uns aber der gewundene Taleinschnitt, der murmelnde Bach, der Waldschatten, da hineinzuwandern, suchen wir das gemütlich Heimliche, das vertraulich Enge und Geschlossene, so wird die Erwartung nicht täuschen. Durch Wiesengrün am kristallenen Bergwasser, durch Obstbäume, deren Äste sich unter dem Segen des Jahres biegen, schlendern wir nach dem Dunkel des prachtvoll üppigen Waldes, lassen uns im Moose nieder und träumen unter Vogelgesang von vergangenen Zeiten, von Jugend, von Liebe, von Freundschaft, von Freuden, Leiden und Taten des Lebens. Doch wir sehnen uns auch wieder nach dem Weiten und Offenen, Berg und Fels beginnt uns zu drücken, zu beängstigen, also hinaus ins freie, ebene Land! Bleibt dem Gebirg als einem Ganzen der Stempel des Herben und Harten, obwohl immer Großen und Mächtigen, so lautet hier alles einladend, freundlich, heiter und fruchtbar. Die gute Ehe des Strengen und Zarten, des Starken und Milden, sie ist kaum irgendwo reiner vollzogen als im guten Schwabenländchen. Wein, Obst, Korn, samtener Rasen, weicher Baumschlag legt sich wie linder Mantel um Gelände des Hügels, über sanfte Ebenen, die zwischen Weiden und Pappeln der mäßige Fluss durchrauscht; wohl auch eine gewisse Melancholie zieht sich durch diese segensreiche Reizwelt hin: sie mag mit der genannten Erdbildung im Zusammenhang stehen, die bei so viel schönem Wechsel so wenig freie Großartigkeit der Formen zeigt; eine Wehmut, ich weiß nicht, welche unbefriedigte Sehnsucht schleicht sich, mit Lust und Freude seltsam gemischt, in das ahnungsvoll ergriffene Gemüt und heftet sich verstärkt an die häufigen Burgtrümmer, welche wie ein verzitternder Klang die Sage umschwebt.

Als die Kunde von Uhlands Tod zu mir gelangte, trat seine Erscheinung lebendiger als je vor mein Gedächtnis. Mir war, als sähe ich ihn eben über die Neckarbrücke gehen mit seinen langen Schritten, den Kopf steil, etwas zurückgeworfen oder eigentlich im Auftreten bei jedem Schritt etwas zurück und seitwärts bewegend; »was ich nicht will, will ich nicht, und was ich nicht will, tue ich eben nicht, da bringt mich keine Gewalt der Erde dazu«, so schien jeder Zug dieser Gangart und Haltung zu sagen. Uhlands Kopf war auf den ersten Anblick nichts weniger als schön; kleines, zurückgeschobenes Kinn gehört bekanntlich zu den auffallenden Mißbildungen des menschlichen Profils; über dieser unzulänglichen Basis trat scharf und herbgeschlossen, mit etwas abwärts gezogenen Winkeln der Mund hervor; die Nase war kräftig gebildet, hier lag nichts Kleinliches, Energie sprach aus ihrer mäßig gebogenen Mitte, Scharfsinn aus ihrer länglich gezogenen Spitze. Was nun aber jedem prüfenden Auge den ungewöhnlichen Menschen verkündigte, das war die hohe, breite, ausgezeichnet individuelle Stirn; eine mäßige Einziehung über dem markierten Vorsprung der Augenknochen, dann eine rückwärts geneigte mächtige Auswölbung, die obere, früh kahl gewordene Fläche groß, nach leichter Einsenkung in kräftigen Hügeln nach hinten abfallend – hier sprach alles: dies ist ein Charakter und ein Geist, tiefe Denkkraft, Forschergabe vereinigen sich da mit unbeugsamem Willen, auf den ein sicherer Verlass ist, unbedingter Realität, Echtheit, Mannhaftigkeit, Standhaftigkeit, die allerdings wohl auch in spröden Eigensinn ausläuft, Größe und vorwärtsdringende Kraft mit unberechenbarem Beharren bei Einzelnem, vielleicht mit wunderlicher Schwerfälligkeit und Umständlichkeit. Das ist gewiss, einen festen, tiefen, gründlichen, deutschen Mann mochte man leicht in dieser höchst eigenartigen, knorrigen, eckigen, kantigen Bildung erkennen, einen Dichter nicht. Nun aber legte und goss sich noch etwas ganz anderes über diese harten, markigen und doch teilweise wieder kleinlichen Formen. Vor allem muss ich die Schläfen nennen; eine nicht zu beschreibende, rührende Zartheit lag über dieser

Bildung, erhöht von dem Spiele der etwas gerollten, früher blonden, ergrauten Locken. Das blaue Auge war klein und schien dem oberflächlichen Beobachter unbedeutend, natürliche Empfindlichkeit des Organs und Gewohnheit des Studierens hatte die Lider etwas zusammengezogen, gerötet und ein Netz von Fältchen um die äußeren Winkel gebildet; wer aber genauer zusah, wer in vertrauter Nähe in dies Auge blickte, dem sprach es von unergründeten Tiefen der Empfindung und Ahnung, von geheimen Wundern der Seele, von Milde und Güte. (...)

Uhlands Benehmen ermangelte sehr fühlbar der Leichtigkeit. Er gehörte bekanntlich zu den »hartnäckigen Schweigern«. Zwar was Varnhagens bekannte Äußerung betrifft, so hörte ich ihn, kurz nachdem sie gedruckt erschienen, sagen: neben Varnhagen habe man freilich schweigsam erscheinen müssen, weil er so viel gesprochen habe, dass anderen blutwenig übrig geblieben sei; indes, es ist wahr, Uhland zählte zu einem Geschlechte von Menschen, das wohl in keinem Volke so häufig vorkommt wie im deutschen, und, wenn ich recht beobachtet habe, in keinem Stamme wie im schwäbischen: tiefe, gehaltvolle, reichgebildete Naturen, denen ein Dämon, ein Tick die Lippen schließt; soeben will der Gedanke heraus, aber die Schleuse ist zu, er kann nicht; sie sitzen in Gesellschaft, man wartet und wartet, dass sie ihr Scherflein zur Unterhaltung beitragen, sie möchten es auch, sie denken an tausend und tausend Dinge, von denen sie nun ganz füglich beginnen könnten, aber unter den Tausenden welches wählen? Verzweifelt! Es ließe sich ja von jedem gleich füglich beginnen! Oder sie haben endlich gewählt; aber wie anfangen? Man könnte so anfangen, oder auch anders und wiederum anders – was tun? Wie dies furchtbare Gebirge der getürmten Möglichkeiten übersteigen? Endlich Mut gefasst! – die Lippen öffnen, bewegen sich, ein Laut –, aber das Pulver brennt auf der Pfanne ab, der Schuss geht nicht los. Gewiss jedoch, wir würden Uhland sehr unrecht tun, wenn wir in diesem Knoten, diesem Zaudern der Natur, diesem wunderlichen Nichtkönnen den einzigen Grund seiner Schweigsamkeit suchen würden; nein, viel häufiger, als er nicht konnte, wollte er nicht. Da war es Extrem des Widerwillens gegen Geschwätz. Uhland wollte nicht reden, wo er nichts Wesentliches zu sagen hatte, er war ein Todfeind leerer Worte. Jenen, die eine Viertelstunde lang sprechen und am Ende derselben nichts gesagt haben, steht kein Recht zu, über ihn zu lachen. Uhland führte keine geläufige, abgegriffene Sprachmünze in der Tasche; er prägte sein Silber, sein Gold – ohne Kupferzusatz – erst im Augenblicke des Gebrauchs, und das kostete Arbeit. Er stotterte, wenn er anfing, längere Zeit, man sah, dass er nach Worten suchte, weil ihm die verbrauchten Formeln nicht genügten, aber wenn er erst warm war, floss es beredt von seinen Lippen. Das geschah natürlich am meisten, wenn man ihn auf seine

Lieblingskapitel brachte; wer etwa vom Volkslied, von der Heldensage einlässlich sprach, der war sicher, den wortkargen Mann auftauen zu sehen; doch nicht, als wäre er ein Reiter von Steckenpferden gewesen: ihn interessierte jedes Allgemeine, und er wäre kein Dichter, ja kein wahrer Mensch gewesen, wenn er nicht auch das Einzelne, Kleine, Enge an das Allgemeine geknüpft hätte; er war nicht auf das »Bedeutsame« versessen, keiner von jenen, die da meinen, ein Gespräch müsse eine greifbare Summe von Belehrung abwerfen, er hatte den vollen Humor der Zufälligkeit, mit dem die Schwabennatur glücklicherweise fast allgemein gesegnet ist; aber er trat eben nicht ins Gespräch, ehe seine Natur und der Gesprächsinhalt einander positiv angenommen hatten, und dazu den Übergang zu finden, mochte er sich nicht mit vorläufigen Lückenbüßern von Redensarten behelfen. Allerdings erzeugte er auch seine Gedanken nicht leicht, wenn nicht der Genius der erregteren Stimmung über ihn kam; am schwersten, wenn Zuhörer und vollends festlich versammelte auf sein Wort spannten und warteten. Gewiss freuten ihn die Ovationen der Liebe und Verehrung, die ihm auf Reisen oft gebracht wurden, aber gewiss stürzten sie ihn auch in peinliche Verlegenheit, und wenn ich mich in ihn versetze, wie Hunderte ungeduldiger Bewunderer eine Stegreifrede von ihm erwarten, so bricht mir in der bloßen Vorstellung ein kalter Schweiß für ihn aus. Zum Repräsentieren war er ein für allemal nicht gemacht. Politische Reden hielt er nicht anders als wohl vorbereitet; doch in der kurzen Kammerdebatte improvisierte er, wenn er warm war, leicht und schlagend. Sein Vortrag war nicht schön, gestoßen, etwas bellend, die Endsilben verschluckt. Auch Schiller war ja ein sehr übler Deklamator; Naturen, bei denen der Drang von innen alles ist, Menschen, die sich substanziell ganz in die Sache legen, vermögen es selten, im Vortrage zugleich künstlerisch über dem Vortrage zu stehen und ihn danach zu modulieren. Ganz schweigend zog er sich in sich zurück, wo Naseweisheit, Zudringlichkeit sich lästig machte. Besuchte ihn eine Figur vom Schlage der neugierigen Literaten, denen schon der Bleistift in der Brieftasche juckt und zuckt zu einem Artikel in dem und dem Blatt, um mit dem interessanten Dichterbesuch sich selbst ein interessantes Relief zu geben: o, was machte der Mann für einen prächtigen, unbarmherzig stummen Holzbirnenkopf an die Kerle hin! Eitelkeit, Affektation, Geniesucht war ihm in den Tod zuwider; er war einfach vom innersten Grund seines Wesens auf die Oberfläche heraus, ein deutscher Mann im guten, alten Sinne des Wortes. Der Porträteur, Photograph, der nach seinem Bildnis jagte, fuhr mit den seltensten Ausnahmen auch übel ab, ich ließ mich in Frankfurt einmal von einem solchen beschwätzen, ihm zuzureden, dass er ihm sitze, und fiel glänzend durch, was mir auch ganz recht geschah. Wie steht der Mann da neben dem windigen Literatengeschlechte, das jetzt mehr und mehr ins Kraut schießt, den Zapplern nach unverdientem Ruhm, den Clique- und Claquemachern, den Lobrezensionenbestellern, den Anzettlern kleinlicher Schwätzereien, Zänkereien und Stänkereien, die da Händel und Skandal suchen, um nur genannt zu werden, den Affen, die sich bald im Mutterleib schon für ein Titelkupfer werden photographieren lassen!

Ludwig Uhland.
(Kritische Gänge II, 364–414; 1863)

Meine sie nun zu kennen, diese Schwaben. Schwerblütig, unvermögend, sich aus sich herauszuleben. Wie leichtlebig dagegen selbst unsere mitteldeutschen Stämme! – Und dabei merkwürdig starkes Stammesgefühl. Meinen, ihre Eigenheiten seien bessere, eigenere Eigenheiten als die Eigenheiten anderer Stämme. Meinen, sie haben die Gemütlichkeit gepachtet.

*

Gemütlichkeit? Es ist jeder Dialekt gemütlich, und behüte uns der Himmel vor Dialektlosigkeit! Sie mögen recht haben, dass sie durch alle Stände daran halten. Aber es ist auch Gefahr in diesem Hegen, es bildet sich ein behagliches Einander-Mögen und -Gernhaben im engen Kreise, ein Element, aus welchem schwer zum resoluten Aussprechen der Wahrheit aufgetaucht wird, wenn sie unangenehm ist. Die Vettermichelsgemütlichkeit liegt so nahe an der unwahren Höflichkeit, als der weltglatte Bildungsschliff, mag sie auch am unrechten Ort manchmal grob sein. Man sollte jedem, der unfrei am Dialekt hängt, auf zwei Jahre den Gebrauch desselben bei Strafe verbieten und nachher wieder erlauben.

*

Nachdenkliches Wesen, viel Talent, aber da stellt sich das T und L um: Talent bleibt latent. Sind so gescheit wie nur irgend jemand, haben aber wie die Schildbürger beschlossen, heimlich gescheit zu sein. Will nichts heraus. Kein Zusammenleben, keine Gesellschaft – denn verhockte Wirtshauskreise sind nicht Gesellschaft –, kein Gespräch. Man trifft freilich im kleinsten Winkel vereinzelt unterrichtete Menschen, wenn man sie anbohrt, oft und viel, – guter Verstand überall. Aber kein Gespräch, will sagen kein geselliges, verbreitetes, Städte durchfliegendes Ventilieren neuer Dinge, die jedermann interessieren. Kein warmes Wort, kein lebendiger Ideenstreit über neue Bücher, Theaterstücke, Kunstwerke, aufregende politische Ereignisse oder Fragen. Scheint mir auch verstockter Eigensinn zugrund zu liegen, machen Gesichter, die sagen: jetzt, weil jedermann davon spricht, weil alle Welt meint, davon müsse die Rede sein, jetzt gerade erst recht nicht. – Sind übrigens auch fremdenscheu, fremdeln.

*

Auch Gutes in dieser Verstocktheit? Hassen windiger Volubilität? Flunkerhaften Leichtredens? Gewiss, und darin viel Recht. Begründeter, gerechter Widerwille gegen das Umsichwerfen mit vergriffener Sprachmünze bei so manchen Norddeutschen, gegen die Schwatzvirtuosität und Wohlweisheit des Berliners. – Auch eine gewisse edle Scham, das Innere nur so geschwind herauszugeben? Selbstgefühl, das sich gegen Modelebtag sperrt? Ja, auch davon ein Korn, im übrigen Phlegma, oder ist es anders zu bezeichnen? Man meint oft, diese Leute müssen ja Fischblut haben, wird irre, wenn man wieder den nachhaltigen Zorn sieht.

*

Die Schwaben sind zornig. Muss namentlich vom Neckarwein kommen, der bös macht; hab's in jenen Wochen an mir erfahren. Schiller hat diesen Zorn zum Zorn gegen das Gemeine veredelt. Das Volk sehr roh, soviel ich an Sonn- und Feiertagen auf der Eisenbahn bemerken konnte. Besonders wüstes Fluchen. Auch wilde Tiermisshandlung. Beamter in Stuttgart, klarer Mann, fähig, aus Vogelperspektive zu sehen, sagte: Was ein rechter Schwab ist, wird nie ganz zahm. – Sehr häufig die »*oculi truces*« des Tacitus.

*

Formlosigkeit prinzipiell gemacht: sie gilt für wahre Natur; Form gilt für affektiert, vor allem: höher belebte Form, doch auch einfach richtige Form, zum Beispiel reines Deutsch. Wissen aber doch in Kunst und Wissenschaft sehr wohl, was große Form ist.

*

Vieles offenbar auch Folge der langen Abgeschlossenheit vom großen Verkehr. Weltlosigkeit, Versessenheit, Stagnation. Hauptstadt in einem Kessel, können nicht oben hinausgucken. Entsteht ein Deutsches Reich, so wird sie vielleicht die Luftdurchströmung wecken; wird etwa sein, als ob man einen großen Fluss durchleitete. – Doch gewiss langsam.

*

Halten sich in ihrer Selbstliebe für besonders ehrlich, solid, reell – während es mit der Gewissenhaftigkeit in Handel und Wandel, im Handwerk um kein Haar besser steht als irgendwo in unserer Zeit. Herrschend selbst in Städten, lange sogar in der Hauptstadt, lumpiger, fünf Zoll dicker Holzriegelbau, Nomadenzelte. Von diesen gefälschten Mauern muss ein Geist der Unsolidität in alle Geschäfte ausströmen. – Hören gern: »biedre Schwaben«. Der wahre Biedermann wird aber die Biederkeit haben, dies Prädikat nicht anzunehmen, weil es klingt, als ob die Leute anderswo nicht bieder wären.

*

Das viele Talent sichtbar in viel Humor. Aber dieser Humor öfters ins Kleine, eng Lokale verkräuselt. Lach- und Spottneigung: gefährlich, kehrt sich leicht gegen wahres wie gegen falsches Pathos. Spottlust dadurch etwas entschuldigt, dass man sie selbst viel verspottet und doch viel mit Unrecht. Auch ihren Dialekt verspottet man oft ungerecht; unter all seiner Unschönheit ist doch ein feiner Sprachsinn verborgen, ein Ohr, ein Nerv von viel Schärfe für Sprachfehler moderner Abschleifung, naturloser Sprachkultur. Habe zum Beispiel niemals den Akkusativ und Ablativ, nie das Her und Hin, Hier und Dort verwechseln hören.

*

Beamtenstand habe ich in Mehrheit sehr gewissenhaft gefunden. – Auch die Sitte im Ganzen und Großen noch etwas intakter als anderswo. Verkehrsanstalten exakter Dienst. – Viel Tüchtigkeit. – Schulwesen höchst solid. – In diesen Dingen mehr Ernst, Sorgfalt, Genauigkeit als bei den südöstlichen Nachbarn. Protestantisches Land.

*

Summa: Völklein schwer zu begreifen; Gutes und Schlimmes verknäuelt wie kaum irgendwo. Überrascht aus seiner engen Existenz die Welt auf einmal mit einem Schiller, Schelling, Hegel. Vielleicht kann man sagen: unter dem dichten, knorpligen Schildkrötenschild ein stets gesparter, obwohl auch viel zu sehr gesparter Schatz von Talent und Kraft. Dies die mildeste Ansicht und billigste Entschuldigung. – Nur der Lebtag von der Gemütlichkeit sehr verdammenswert, erregt Überdruss.

*

Das ist übrigens auch wahr: keinen einzigen blasierten Menschen habe ich gefunden, und bin doch mit vielen umgegangen. Dies besagt nicht wenig.

(Auch Einer, 438–442; 1879)

Meine Ansprüche an das Leben sind, ich darf es sagen, sehr bescheiden. Was man Ressourcen einer Stadt nennt, habe ich in Zürich, wo sie geboten sind, nur äußerst selten genossen. Es ist eigentlich nur das Bild einer Stadt, das Sehen eines rührigen und vielgestaltigen Lebens um mich her, was ich so sehr vermisse, dessen Vermissen mich stets zur Traurigkeit zu stimmen droht. Nach Tisch ein Spaziergang, auch bei nassem Wetter, ein Besuch des Museums; abends von 9 Uhr, wo ich die Arbeit beiseite lege, eine Unterhaltung in einem öffentlichen Lokal mit guten Freunden oder interessanten Fremden: dies war in Zürich mein fast täglicher Lebenslauf. Fällt selbst diese bescheidene Anforderung aus meinem einfachen Leben weg, so entgeht ihm die Erfrischung, aus welcher die Arbeit ihre Kraft schöpft, und vorzeitiges Altern muss die Folge sein.

Nicht ganz, aber fast ganz fehlen hier diese schlichten Erholungen. Woche auf Woche kann es in Tübingen dauern, dass man vor Kot nirgends wandeln, nicht aus dem Haus treten kann, ohne sich über und über zu beschmutzen.

Sonst gewährt eine Stadt den Vorteil, dass man auch bei schlechtem Wetter sich die nötige Bewegung verschaffen kann, ohne durch den tiefsten Morast waten zu müssen. Tübingen ist größtenteils neu und gut gepflastert, aber die Bevölkerung, wie sie ist, schleppt mit ihren schmutzigen Fuhren – meist mit armen misshandelten Pferden unter wilden Hieben – vom Morgen bis Abend die Ackererde in die Straßen der Stadt und verwandelt sie in ein Dorf; die Wege draußen sind grundlos; der botanische Garten liegt im Striche des Nordwinds und bietet nur ein dumpf langweilendes Zirkulieren. Der Winter mit den Regenzeiten des Herbstes und Frühlings dauert aber länger als der Sommer, und so ist dieser Zustand der vorherrschende. Da mag man denn aus Widerwillen nicht aus dem Hause und kommt so um die unentbehrliche Bewegung. Kann man hinaus, so erfrischt man sich nicht durch das erfreuliche Bild einer kräftig sich rührenden Menschenwelt; man begegnet wohl fünfzig schmutzigen und zerlumpten Gestalten aus dem von tüchtiger Landbevölkerung so sehr verschiedenen Pöbel der verkommenen Stadt, bis man einen Wohlgekleideten zu sehen bekommt.

Das Innere der Stadt bietet nicht nur im unteren Viertel einen höchst traurigen, niederschlagenden Anblick; auch in manchen Straßen der oberen Stadt ergießen Kloaken und schlecht eingefasste Dungstätten ihren ekelhaften Inhalt in den Weg, stehen neue Baracken jahrzehntelang unverblendet, verfault Balken, Planke, Geländer, Zaun, verwittert Wand und Mauer unausgebessert. Nichts reparieren! scheint die allgemeine Losung zu sein und niemand zu ahnen, dass das Aussehen der Stadt sich zur Gemeinde verhält wie das des Kleides zum einzelnen Menschen, dass jene sich eines schimpflichen Zustandes ihrer Häuser und Straßen ebenso zu schämen hat wie dieser eines unsaubern, vernachlässigten Gewandes. Im Innern der Häuser, und keineswegs nur bei der armen Klasse, wiederholt der Vorplatz das Bild der Straßen, am Treppengeländer klebt die Hand, besuchte Kaufläden scheinen nie eine reinigende Hand gesehen zu haben. Sei mir der subjektive Ausdruck für die Stimmung verziehen, mit der ich durch diese Stadt wandle: es überfällt mich jedesmal eine niederdrückende Scham in den Gedanken, dass mich Bekannte aus Zürich besuchen, was mir in Aussicht gestellt ist, – eine Angst vor dem Achselzucken ihres Mitleids, wenn sie den Mann, der elf Jahre dort in der reinlichen, kraftvoll aufblühenden, von anständigen Menschen wimmelnden Stadt lebte, in dieser Umgebung wiederfinden.

Ich erhebe gegen niemand Vorwürfe. Der Gemeinderat zeigt bessern Willen als in früherer Zeit, den Stadtschultheiß kenne ich als einen höchst wackern, für alles Gute eifrigen Mann; die Bemühungen der Behörden können im Großen nichts erzielen, weil sie den Charakter des Grundstocks der Bevölkerung nicht zu verändern vermögen, der ihrem Wirken vor allem eine unverbesserliche Schmutzliebe entgegensetzt.

Die schöne Naturumgebung bietet angenehme Spaziergänge; sie sind aber beständig fast einsam; es haben sich keine städtischen Gewohnheiten gebildet und können sich keine bilden, wo man den größeren Teil des Jahres hindurch genötigt ist, sich in das Haus einzuspinnen; zu einem einsamen, lyrischen Spaziergang ist man aber nicht immer, am wenigsten in den müden Zwischenstunden der Arbeit, aufgelegt. Man sieht also die schöne Umgebung der Stadt wie aus den Öffnungen eines Klosterkreuzgangs. Das Museum wird nicht bloß von mir nur mit innerem Widerstreben aufgesucht. Die Statuten dieser Anstalt, ihre pekuniären Existenzbedingungen bringen es mit sich, dass der Student dominiert; das Rauchen in den Lesezimmern hat man seit Jahrzehnten vergeblich bekämpft; Zimmer, Hausflur, Treppen schrecken durch das Bild des Schmutzes den Eintretenden ab.

Fast ebenso steht es mit dem schlichten Bedürfnis der Erfrischung durch eine gesellige Abendstunde. An den Abenden, wo keine bestimmte gesellige Zusammenkunft verabredet ist, oder man nicht ausnahmsweise eine Familie besuchen kann, weiß man nicht, wohin man sich wenden soll. Alles ist von Studenten oder Bürgern besetzt, unter die man sich aufs Geratewohl mischen kann, weil nicht verschiedene Stände reichlich genug vertreten sind, dass man in der Weise freier Weltbildung von allem Stand absehen könnte. Es gibt allerdings ein Lokal, in das man eintreten kann, ohne vorher zu fragen, welche Gesellschaft man treffe, hier aber kann man in ermüdender Gründlichkeit erfahren, wohin es führt, wenn stets dieselben Menschen sich zusammenfinden, wenn kein Reiz des Neuen, Zufälligen, Fremden das monotone, stagnierende Leben bewegt und wenn die einzige Unterhaltung, nachdem man sich längst alles mitgeteilt hat, das Schweigen ist.

Es fehlte nur noch die politische Zerklüftung, um einen ohnedies so öden und armseligen Zustand des geselligen Lebens noch mehr zu veröden, zu versteinern.

Dass ich Eure Exzellenz mit diesen Einzelheiten ermüde, kann ich nicht besser entschuldigen, als indem ich die Bedeutung dieser scheinbar so untergeordneten Seiten des Lebens durch die Folgen belege, wie ich sie unmittelbar an mir erfahre: an gar manchem Abend, nachdem schon am Mittag der undurchdringliche Morast mir die nötige Erholung verboten, suchte ich vergebens eine Gesellschaft auf, bei der ich mich nach den Mühen des Tages durch Gespräch erholen könnte, musste nach Hause zurückkehren, zündete die Lampe wieder an, las, studierte, ging mit aufgeregten, statt erfrischten Nerven zu Bett, schlief schlecht, stand mit brennenden Augen und schwerem Kopf auf und ging nicht erquickt, sondern matt an die Arbeit des Tages.

Hiemit glaube ich belegen zu können, was ich oben von frühem, vorzeitigem Altern in einem solchen Zustande gesagt.

Die Pflicht der Resignation halte ich mir immer aufs Neue vor, und vergeblich. Jeden Morgen in der Stille des Studierzimmers versöhnt sich das Gemüt mit dieser Existenz, und jeden Mittag, wenn ich ausgehe, an jedem ungeselligen Abend kehrt Ekel, Widerwille und der sehnliche Wunsch, an solcher Stätte nicht abzusterben, zurück. Aber so oft ich mir Vorwürfe mache, dass ich nicht zur Resignation gelange, so oft muss ich mir doch wieder gestehen, dass, wenn ich mir eine Zeit vorstelle, wo ich mich wirklich und dauernd in diesen Zustand gefügt hätte, mir diese Vorstellung keine Beruhigung bringt, denn sie führt die andere mit sich, dass mein Drang, in der Welt zu sein, mich lebendig in einem weiten, menschlich geöffneten Zustande zu bewegen, Charaktere, Stände, Individuen in regem Wechsel kennen zu lernen – ein Drang, der mir berechtigt, den zu nähren mir als Pflicht erscheint – abgetötet sei; das Bild der Resignation wird mir zum Bild einer halben Abstumpfung, eines Versauerns. (...)

Welche Eigenheiten, Grillen, Einseitigkeiten, Kleinlichkeiten sich in dem Menschen festsetzen, dessen Horizont ein Studierzimmer, einige Fakultäts- und Senatsfragen und Reibungen sind, wie schwer selbst die lebendigere Natur, wo es an aller Nachhilfe der Umgebung fehlt, sich des Versauerns und Verdumpfens erwehrt, darüber gab es kein Bewusstsein. Es sei mir vergönnt, nicht verschweigen zu müssen, dass ich oft, wenn ich durch die schmutzigen Straßen gehe, mir sage: warum sollen so viele gute, nach echter Bildung strebende Menschen verurteilt sein, unter dieser Erbschaft der Jahrhunderte für und für, ihr ganzes Leben hindurch zu leiden! Die Eisenbahn hat an dieser Stadt nichts verändert, ja verödet sie noch mehr. Dieses Verkehrsmittel führt einer Stadt Fremde zu, die Sehenswürdigkeiten oder Handel oder beides hat; wo beides fehlt, wird es nur solche Besuche bringen, die mit der Post auch gekommen wären, gewiss aber von den Bewohnern benutzt werden, um so viel als möglich fortzukommen. Unsere Eisenbahn führt nur weg, nicht her.

Ich verkenne nicht, dass Stille der Umgebung den Fleiß, die geistige Sammlung erleichtert, dass die Entfernung von den Verhältnissen einer Haupt- und Residenzstadt die Reinheit des wissenschaftlichen Strebens nach Wahrheit begünstigt, dass hier der Charakter sich leichter vor so mancher Lockung, so manchem Drucke bewahrt, den jene Atmosphäre auf die Schwächeren ausübt. Allein es stärkt sich auch der Wille im Widerstand gegen Versuchungen; Tausende arbeiten, umrauscht von dem Lärm und den Freuden großer Weltstädte, so fleißig, wie einst der Mönch in der stillen Zelle; es ist jedem heilsam, schwimmen zu lernen, und für den schwachen, verführbaren Charakter reichen die Fäden der seitabführenden Motive leicht über einen Raum von einigen Stunden.

Verlegung der Universität von Tübingen nach Stuttgart.
Memoire an den Kultusminister Golther.
(Kritische Gänge III, 437–457; Mskr. 1867)

Reise

Ich musste in Syra vier Tage die Abfahrt des Dampfschiffs nach dem Piräus abwarten. Ich hatte mir nicht vorgestellt, dass ich bestimmt sei, auf meinen ersten Schritten in Griechenland von sehr vaterländischen Erinnerungen begrüßt zu werden, erfreulichen und unerfreulichen. Die erfreuliche war eine junge Frau mit einem blonden Knaben auf dem Schoß, die ich am Hafen sitzend fand und, da sie mir gar nicht griechisch erschien, mit der Frage anredete: Deutsch? »Ja.« Woher? »Von Schorndorf.« Es war eine Tischlersfrau, die mit ihrem wanderlustigen Manne aus Schwaben nach Odessa, von hier nach Syra gezogen war. Aber ein wirkliches Übel sollte mir zustoßen, ich sollte unter deutsche Pietisten geraten – in Griechenland! Ein Landsmann, den ich getroffen, führte mich bei den Vorstehern des Gymnasiums und einer von Missionären auf pietistische Grundsätze gegründeten Erziehungsschule ein, höflichen Leuten, die nun aber auch gar keine Barmherzigkeit hatten. Mir lebte jeder Nerv von dem Neuen, was ich erblickte; ich wollte den goldschimmernden, waffenglänzenden Palikaren, den fremdduftenden

Gewürzen und Früchten des Basars nachgehen, die schönen Schiotinnen, die Psariotinnen in ihrem phantastischen Putz betrachten; kein Mensch begriff das, kein Mensch sprach mit mir von diesen Trachten, diesen fremden Menschen, diesen kühnen Männergestalten: nein, man hatte, der Himmel weiß, wie? in Syra Wind bekommen von unserer wissenschaftlichen Stellung, man wollte disputieren, man predigte mir über den historischen Christus, Erlösungstod und Auferstehung. Man schleppte mich auf eine Spazierfahrt über den Hafen, man vergönnte mir nicht, die blauen Inseln, Delos, das »wie ein Schild« in den fernen Fluten schwamm, mit einiger Sammlung zu schauen, ich musste ein Ostereierlegen in einem Garten mitansehen, wo man sich endlich bis zu der Frivolität aufschwang, mit Steinchen nach einem alten Scherben zu zielen. Das Äußerste dieser Prüfungen war eine Betstunde, welcher ich mich nicht entziehen konnte, eigentlich ein Teeabend mit Bibelvorlesen und Gebet. Ich wurde von dem Lehrer, in dessen Hause dieser gemischte Genuss stattfinden sollte, mit dem Landsmann eingeladen, dem ich seine Bekanntschaft verdankte. Ich sträubte mich, aber der Landsmann – als Ingenieur in Syra beim Quarantänebau beschäftigt – demonstrierte mir unabweislich, dass ich mitgehen müsse; es sei nämlich, sagte er, nirgends in der Stadt gute Butter zu finden als in diesem Hause, wo man sie von Malta beziehe; für diesen Genuss lasse er sich einmal allwöchentlich die erbauliche

Zugabe gefallen; mich müsse er mitbringen, man würde es ihm und mir gleich übel nehmen, wenn ich nicht käme. Mir lag nichts an der Butter, aber ich hatte von den Einladenden wie vom Einführenden zwei Tage hindurch doch so freundliche Aufmerksamkeit genossen, dass ich schließlich nachgeben musste. Nach dem Tee kam denn die Vorlesung, Gebet, Gesang eines geistlichen Liedes, dann betete man noch einmal, und zwar in der Form, dass man an einem Stuhl niederkniete und das Gesicht in die Hände drückte. Mein Landsmann, von der Butter geschmeidigt, bequemte sich und tat mit, ich blieb stehen. Ich hatte nun eine eigentümliche Übersicht aus der Vogelperspektive über die Gesellschaft und befand mich sonderbar allein, nur dass hie und da eine der Frauen durch die geöffneten Finger verwundert nach mir schielte. Dem Landsmann hatten sich zufällig die Schöße seines Rocks zurückgeschlagen und lagen die breiten Taschensäcke aufgedeckt, während sich die Sitzbasis seines Organismus in kräftiger Breite den Blicken darbot; es war Zeit, dass diese Szene ein Ende nahm, denn bald konnte ich das Lachen nicht mehr halten; der herzliche Widerwille gegen solche Verbindung von Religion und Geselligkeit hatte sich in das Gefühl ihrer Komik aufgelöst. Doch wenden wir uns von dieser Privatfrömmigkeit zur öffentlichen Religion und begeben uns zum österlichen Gottesdienst nach der Kirche. Was da im Innern derselben vorging, war reine Nebensache, näselnder Gesang der Priester und Chorknaben, eine Predigt, auf die niemand hörte, Küssen der heiligen Bücher. Der eigentliche Spaß war außerhalb der Kirche, denn darin ist der Neugrieche noch so gut heidnisch wie der Italiener, dass ihm die Kirchenfeste nicht Tage der ernsten Einkehr in sich, sondern der Freude sind. Man muss gestehen, dass darin auch eine Wahrheit, ein Recht liegt. Die Entbindung von dem Drucke der Sorge, welche die Tage des Menschen ausfüllt, die Entlastung des Geistes und der Sinne durch Lust, Gesang, Spiel, Tanz ist auch ein Gottesdienst und ein sehr wesentlicher. Der alte Grieche zeigte an seinen Festen die Schönheit, Kraft und Gewandtheit seiner Jungfrauen, Jünglinge und Männer, die Kunst seiner Künstler und Dichter seinen Göttern, dass diese eine Freude an ihren Menschen haben sollten, wenn sie sahen, wie diese ihnen Ehre machten. So sollen auch wir es an Tag legen, dass wir kein ärmliches, sondern ein erfülltes Dasein haben, und sollen unserem Gotte zeigen, dass wir es wissen, wie seine Werke gut sind und er keine Pfuscherarbeit an uns gemacht hat. Der Puritaner, der die Sonntagslust des Volkes verdammt, wäre einzuladen, über Wesen und Wert der Freude, über ihre lösende und befreiende Kraft etwas besser nachzudenken. Geht es auch etwas laut her, so darf man wohl erwägen, dass der Bauer, der Handwerker, der acht Tage schwer und hart gearbeitet hat, die groben Nerven derb durchschütteln muss, um die bleierne Schwere seines Erdendaseins von sich zu werfen, dass er keinen Tee trinken wird, um sich zu erholen, sondern jauchzen und stampfen und tüchtig trinken muss, um das Leben zu fühlen. Aber freilich, wir sind keine Heiden mehr; der Zuruf: gehet in euch! muss seinen Sinn behalten, und die Festesfreude soll nur das andere Moment eines Gottesdienstes sein, dessen erstes tiefe Sammlung, Stille und Selbstprüfung ist. Bei jenen südlichen Völkern nun, welche noch bis an die Ohren in der heidnischen Gefühlsweise ihrer Voreltern stecken, ist dies so gut als vergessen; bei den Italienern ist moderne Opernmusik und unendliches Böllerschießen die Hauptsache bei allen Festen, und die Griechen bereiten sich zur Kirchenfeier des Osterfestes die Kinderlust eines Feuerwerks. Der Hauptteil des Gottesdienstes am Ostersonntag war ein Umgang der Geistlichen um die Kirche, welche ein großer Vorraum umgibt, der an der Seite des Portals sich zu einem Portikus nach Art der Basiliken erweitert; dieser ist aber nicht bloß eine einfache Säulenhalle, sondern hat eine zweite Galerie. In diesem Vorraume findet nun die eigentliche Feier des Tages statt. In der oberen Galerie des Portikus stehen die Frauen, die Männer haben hier, wie in den Räumen, die jenen in der Kirche bestimmt sind, keinen Zutritt; ich wusste das nicht und stieg die Treppen hinauf, um diese fremden Gestalten in den fremden glänzenden Trachten, diese edlen Bildungen, diese teils griechisch feinen, teils orientalisch volleren und dunkelbraunen Gesichter in der Nähe zu betrachten, wurde aber von dem Küster mit jener gut altgriechischen Grobheit, womit schon Priamus seine lässigen Söhne anfährt, schrecklich angeschnarcht, wobei ich ganz wehrlos war, weil ich nicht Neugriechisch und er nicht Italienisch verstand, ich ihm also seine Dummheit nicht verweisen konnte. (...) In der untern Galerie und im offenen Raume waren die Männer und Jungen. Hier galt es nun, Knallkugeln, Frösche, Schwärmer zu werfen, je mehr, je besser; sie flogen den Geistlichen auf ihrem mehrmaligen Umzuge um die Köpfe, dass ich ein Unglück befürchtete, wenigstens jeden Augenblick den Ausbruch ihres Unwillens erwartete. Aber im Gegenteil steigerte sich der Ausdruck ihrer Zufriedenheit über so viel Andacht. Es waren höchst ehrwürdige Männergestalten, der Bischof mit dem edlen griechischen Profil, dem langen silbergrauen Barte, dem Anstand seiner Haltung und seines Ganges wird mir unvergesslich bleiben. Überhaupt habe ich bei den Italienern, noch mehr den Griechen, zuerst in meinem Leben gesehen, was es darum sei: edel und menschlich gehen und den Körper tragen. Wie ganz gemein, skurril und ärmlich erschien mir die träge, plumpe, schlaffe Art, wie wir unsern Körper einsinken und, von der gebietenden Seele gelöst, frei für sich als schwere Materie handeln lassen, neben diesem stolz aufgerichteten Haupte, diesem edlen Schwunge des Halses, dieser herrlich hochgewölbten Männerbrust, diesen zurücktretenden Schultern, der freien geraden Säule des Rückens, diesem elastischen, schwebenden und doch gravitätischen Gange! Und dies ist nicht Dressur, wie bei unsern Soldaten, oder wie uns der Tanzmeister abrichtet, sondern es ist noch in der Rasse; nicht als brächte es der Einzelne aus Mutterleib fertig mit, nein, er muss es hübsch lernen und sich frühe abmüden und gewöhnen; aber das Gefühl, dass das so sein und dass das Kind frühe darnach gebildet werden soll, ist noch als Instinkt im ganzen Stamme; daher wird diese Herrschaft der Seele in ihren Gliedern zur andern Natur und erscheint in der höchsten Strenge zugleich als höchste Leichtigkeit. Die Griechen haben aber allerdings ein sehr grundsätzliches Bewusstsein über die äußere Würde der Erscheinung. Ihre Bewegungen sind selbst in der höchsten Leidenschaft anständig gemessen; es gilt für eine Infamie, betrunken gesehen zu werden, und wenn einer fühlt, dass ihm das Taumeln nahe ist, so verdoppelt er mit der letzten Anstrengung die Spannkraft seiner Glieder, um ja nichts merken zu lassen. Ich sah eine Anzahl betrunkener Burschen mit Gitarrenspiel und Gesang durch die Straßen von Athen so ernst und so gemessenen Schrittes ziehen, dass nur ein scharfer Blick ihren Zustand entdecken konnte. An den bayrischen Soldaten fand man es verächtlich, dass kein Ehrgefühl sie abhielt, öffentlich berauscht und taumelnd zu erscheinen. Der Grieche ist übrigens mäßig und trinkt gewöhnlich seinen starken, mit Pinienharz versetzten Wein wie im Altertum mit Wasser gemischt. (…)

Nun wusste ich nicht, wie ich den Abend ausfüllen

sollte; die Personen, an die ich adressiert war, konnte ich auch jetzt nicht aufsuchen, zu Vorstudien für den Besuch der Akropolis war die nötige Frische und Sammlung nicht; ich entschloss mich, in die italienische Oper zu gehen, welche in dem neu erbauten, einfachen, doch anständigen Schauspielhause von einer tüchtigen Gesellschaft gegeben wurde. Das Auge war mir aber so zerstreut, dass es dem Ohr alle Aufmerksamkeit wegnahm. Hier war ein Gemische von Formen und Trachten, das ganz geeignet war, jenen ästhetisch-sittlichen Schmerz über die unerbittliche Zersetzung des Naiven und Eigentümlichen in Sitte und Tracht einer Nation durch das Eindringen moderner Bildung und über das Eitle, das verdorben Kokette, was davon unzertrennbar ist, bis zum Peinlichen zu erheben. Da zog ein Grieche, noch mit der ganzen Romantik seiner Nationaltracht geschmückt, die Lorgnette hervor; dort begrüßte ein stämmiger Palikar in Fes und Fustanella irgendeinen Vetter, der in Frack und Handschuhen als normaler Dandy aus London soeben zurückgekommen war. Der schlanke junge König saß in glänzender Griechentracht neben der blühenden Gemahlin; aber Nationalkleidung kann künstlich nicht vom Untergang errettet werden; im Gegenteil, wo sie einmal obligat getragen wird, wo sie sogar offiziell wird, wie die ungarische Tracht als Husarenuniform, da ist sie schon verloren. Mag es eine Krankheit sein, aber der stechende Widerspruch eines Gefühles, das aus der Anerkennung der Notwendigkeit des Modernen samt allen seinen unästhetischen Formen und aus dem bittersten Schmerze über das unrettbare Erlöschen aller Naturformen in Sitte und äußerer Erscheinung qualvoll gemischt ist, hat sich so in mich eingewühlt, dass diese Empfindung nie mehr von mir weichen wird. Wer zufällig mehrere meiner Arbeiten gelesen hat, wird den leidenschaftlichen Ausdruck dieses Gefühls auf ermüdende Weise wiederholt finden. Es scheint mir unerträglich, dem Schauspiel dieser Auflösung zusehen zu müssen, ich verfluche unsere Bildung und ihre Formen: und ich bin es, der mit allem Streben seines Denkens und Wollens zu denen gehört, welche eben für diese Bildung, für diese Zersetzung des Instinktlebens, also auch seiner schönen Formen tätig sind; ich verwünsche mich selbst, wenn ich die Zwecke der Aufklärung verwünsche, und ich hebe mich selbst auf, wenn ich ihre Zerstörungen im ästhetischen Gebiete nicht beklage. Es empört mich, wenn der Kaiser von Russland im Bayrischen Hochgebirge die Bauern um sich versammelt und sie für ihre Naivitäten mit Gold bezahlt, und ich weiß, dass es der lieben Naivität, verführbar wie sie ist, nur recht geschieht, wenn sie verführt wird und zum Henker geht, der Naivität mit all ihrer Roheit, ihrem Aberglauben, ihrer Barbarei. So sind wir Kinder unserer Zeit; die Zeit soll es verantworten, dass wir zerrissen sind, denn die Zeit selbst ist zerrissen. An jenem Abend arbeitete dieses Gefühl wie mit glühendem Eisen in mir, und ich fand nur Einen

Trost, den Trost des Gedankens, dass die alten Griechen tot sind. Meine Phantasie schaffte gewaltsam jene ganze neue Welt hinweg, um sich den alten Boden völlig rein zu bekommen, und sie schwebte über einem öden, öden Lande, wo keine menschliche Seele zu sehen war, nur da und dort ragten einige Säulen, zertrümmerte Statuen lagen zerstreut, in den Lüften schwebten einsame Adler; die Griechen aber, die einst hier gelebt, glaubte ich unten im Meeresgrunde zu sehen, ganz klar und lebendig, wie durch das reinste Glas. Wie war ich so froh, sie da unten zu wissen! Ihr seid tot, ganz ordentlich tot, es ist gesorgt dafür, es ist ganz sicher, es ist gar keine Gefahr, dass Miltiades mit einem Schirm, Themistokles in einem Frack, Perikles mit einer Lorgnette, Alcibiades mit Handschuhen, Sophokles mit Brille und Operngucker, Plato mit einer Tabatiere in die italienische Oper komme. Euch ist so wohl, so gesund, kühl und kalt in der reinen Behausung der Vergangenheit, aufbewahrt in den kristallenen Grotten der Erinnerung, gesehen durch die durchsichtigen Wasser der altverklärten Geschichte und der läuternden Poesie; kräftige Kälte weht aus eurer kühlen Brust dem müden Betrachter zu und lindert in ihm die heißen Qualen der groß, aber unschön kämpfenden und ringenden Gegenwart.

Aus einer griechischen Reise. Malta–Syra–Athen.
(Kritische Gänge VI, 3–22; 1844)

Wir stiegen nun hinan, und ich will versuchen, dem weiten, großen Bilde, das unseren erstaunten Blicken sich auftat, mit Worten zu folgen. Nach Norden zuerst wandten sich alle Augen, nach dem Olympos. Der Leser weiß, dass er sich einen langen Gebirgszug vorzustellen hat, aus dessen vielen Gipfeln ein Hauptberg hervorragt. Dieser selbst, der eigentliche Olympos, ist nicht einfach konisch, sondern endigt ebenfalls in einer Gruppe von mehreren Spitzen, unter denen zwei an Höhe kaum verschieden, also die eine nur zweifelhaft als Hauptgipfel zu bestimmen, über die anderen hervorragen. Ganz klar im Sonnenglanze lag er vor uns, am Fuße bewaldet, alle Spitzen mit Schnee bedeckt und wie Silber schimmernd, ein rosenrot angeflogenes Wölkchen spielte um seine Flanke. Die Ilias nennt den Olympos schneebedeckt, die Odyssee dagegen rühmt ihn als verschont von Regen, Sturm und Schnee, »stets umwallet ihn Heitre wolkenlos und ergießet sich mild ein silberner Lichtglanz«. Offenbar ist es gerade der Schneeschimmer, den sich die Phantasie in die Vorstellung einer reinen, freien, Lichtwelt übersetzte, sodass sie über der Idealität dieser Vorstellung ihren Grund und Ausgangspunkt vergaß.

Welche Welt liegt nun vor uns! Die weite thessalische Ebene, dort vom Götterberg, nordwestlich vom cambunischen Gebirge, südwestlich vom Pindus begrenzt, nordöstlich ragt der Ossa, weiter herwärts aus dem Gebirgszug der Landzunge, die den pagasäischen Meerbusen (jetzt Volo) einrahmt, der Pelion. Mitten in das Werden der neuen Götterordnung sehen wir hinein, die Titanen bäumen sich auf da unten am Fuße des Othrys, wo wir stehen, schleudern Felsen gegen den Olymp, Felsen und Donnerkeile fliegen von da gegen die wilden Stürmer und schmettern sie nieder. Was ist die schattige breite Spalte dort nordöstlich vom hohen Götterpalast? Das Tal Tempe ist es, das sich geöffnet, als in der Götter- und Titanenschlacht der Ossa sich vom Pelion losriss, der Peneios, die breite Ebene durchströmend, ergießt sich durch diese Mündung in das ägäische Meer. Einst bedeckte die große Flut diese jetzt grüne und fruchtbare Fläche, Deukalion und Pyrrha retten sich in der Arche und landen hier auf dem Othrys; es wird Boden für das Menschengeschlecht. Und wie sich dieses aus der Wildheit herausgerungen, das erzählt uns der Kampf der Zentauren und Lapithen, der ja auch in der Ebene vor uns spielt, drüben, hinaus über Larissa, im alten Gyrton zwischen dem Europos und Peneios: dunkle Erinnerungen vom Streite der jungen städtebauenden Zivilisation mit wilden nomadischen Reitervölkern. Es sind die vorgeschichtlichen Kämpfe der griechischen Bildung, deren Stätte vor uns liegt, der Bildung, die aber nachher von hier sich hinwegzog und im attischen Land ihren schönsten Mittelpunkt gründete; die alte Stätte verfiel dem Stillstand und wurde als Heimat des Zaubers berüchtigt. Das erinnert an die Sage von der Zauberin Medea; dort am herrlichen, tiefeingeschnittenen Golfe lag Jolkos: Jason, das Schiff Argo, die älteste Handelsseefahrt, das goldene Vlies, die zauberkundige Königstochter von Kolchis tauchen auf in unserer Erinnerung, wir sehen den Dolch in der Hand des verlassenen wilden Weibes blitzen. – Nicht weit von Jolkos, landeinwärts, doch auch nahe dem Meerbusen lag Pherä; wir gedenken des Admet und der Alkeste, der treuen Gattin, die für den Gemahl in den Hades steigt und dem Beherrscher der Schatten von Herakles wieder abgekämpft wird. Aber noch ein anderes Sagenbild steigt auf, das strahlende Lichtbild griechischen Heldentums: der südlichste Teil der thessalischen Ebene, näher dem Othrys, war die Landschaft Phthiotis, man erkennt einen Fluss, der weiter nördlich dann in den Peneios sich ergießt, den Apidanus; an seinem Ufer lag Phthia, die Heimat des Achilleus. (…)

Ich habe mir, ehe die Sonne unterging, auf diesem Heimritt noch einmal recht die Natur Griechenlands eingeprägt. Von jeder bedeutenden Höhe glaubt man in eine Welt versteinerter ungeheurer Wellen zu sehen, das Land ist ganz durchästet mit fast völlig kahlen Gebirgen. Sogleich im Anfang unserer Reise sahen wir den Kithäron, der einst das stehende Beiwort: der waldige führte, nackt in der Sonne glühen. Nicht nur mittelalterliche, dann türkische Barbarei hat die Wälder verwüstet, eine Gewohnheit der Hirten hat nicht wenig zu ihrem Untergang beigetragen: sie pflegten, ehe sie von der Alme heimfuhren, das Gras anzuzünden, damit die Asche den Boden für das nächste Frühjahr dünge, und dadurch geriet öfters ein Wald in Brand. Wir selbst sahen einmal von weitem einen der seltenen Wälder, die noch bestehen, einen Weimutkiefernwald, lodern und qualmen. Was die Verwüstung überlebt hat, ist da das genannte Nadelholz, dort ein Wald von hohen, breitkronigen Pinien oder von Platanen, Eichen, Terebinthen. Plastisch betrachtet ist diese Entlaubung meist eben kein Schaden für die Formen, denn die Berge Griechenlands sind vorherrschend so edel, so stilvoll modelliert, wie viele Berge Italiens, welches kaum minder das Schicksal der Entwaldung erlitten hat; wer den Monte Baldo am Gardasee betrachtet, wird sich wundern, zu vernehmen, dass man den Namen Baldo vom deutschen: Wald ableitet; vom Künstlerstandpunkt aus wird er freilich nicht beklagen, dass derselbe den grünen Schmuck verloren hat. Anders natürlich, wenn man das Wohl der Menschen im Auge hat, dann möchte man weinen über diese Beraubung; einen Wald auf Steingebirge, dessen Humus abgeschwemmt ist, wieder pflanzen, kostet unendliche Mühe, Zeit und Geld, und woher soll Griechenland das nehmen? Eine der schlimmsten Folgen ist das Versiegen der Quellen, daher die Vertrocknung oder Verkümmerung der Flüsse und die Versumpfung ganzer Täler. Wo Gebirgsmassen mit breiten Ebenen wechseln, da sieht man diese meist vertrocknet, verbrannt, traurig-braungelb; man kann sich davon ein Bild machen vor Rottmanns Gemälde: die Ebene von Korinth. Wo aber die Berge enger zusammenrücken, da bildet sich über dem sumpfigen Land, worin stockende Flüsse mühsam schleichen und Menschenhand noch nicht gründlich abzuhelfen und anzubauen oder nur kleine Pflanzungen von Reben, Limonen, Korinthen zu pflegen vermag, ein ganzer Wirrgarten von wildem Wein, Myrten, Lorbeer, Gesträuch und Unkraut aller Art, mit gelbem Ginster, rotem Oleander durchschossen, da musiziert, besonders gegen Abend und nachts, eine unendliche Tierwelt. Alle möglichen Insekten, voran die Zikade, summen, grillen und zirpen, wilde Tauben girren, Steinhühner locken, Schnepfen quieken, Nachtigallen schlagen, unzählige Frösche quaken; manchmal hört man plötzlich einen der Sänger erbärmlich aufschreien: eine Schlange oder ein Storch hat ihn erwischt, alles verstummt, aber nach kurzer Pause ist der Schrecken vergessen, ein Bassist fängt wieder an, und der Chor folgt nach. Mit Skorpion und Tarantel, an denen es nicht fehlt, habe ich glücklicherweise keine Bekanntschaft gemacht. (...)

Schlangen sind sehr häufig, besonders die giftige Kupferotter, und einmal, auf dem Wege von Molo nach Talandi, hörte ich, wie wir über eine Fläche hinritten, im nahen niedrigen Gebüsch ein eigentümliches Rascheln; ich ritt hin und sah eine Kupferotter, die eben eine der großen grünen Lazerten gepackt, dreimal umschlungen und ihr den Rachen auf den Hals gesetzt hatte. Das arme Tier zappelte und zitterte. Die kleine Gruppe war so plastisch, dass man nur gleich mit Ton hätte darüber kommen mögen, aber ich befreite mit einem Schlag der Peitsche das wehrlose Opfer. Die Menge von Amphibien zieht eine Menge von Störchen an, und wir sahen oft, z.B. in Lebadia, zwei, ja drei Nester des langbeinigen Vogels auf dem Dach eines einzigen Bauernhauses. Ihr Geklapper vermehrt das tausendtönige Konzert. Ein anderer, stolzerer Vogel schwebt häufig genug über dem Wanderer hoch in Lüften und zieht seine stolzen Kreise: der Adler und der Geier. Das breite, stetige Schweben und Wiegen sieht so feierlich aus, dass man ganz vergisst, um was es dem königlichen Begleiter des Zeus allein zu tun ist: er kreist suchend und lauernd auf Beute. Diese gefiederten Räuber sind nicht scheu; ein mächtiger Geier, an dem wir nahe vorüberritten und dessen volle, lange Waff wie Hosen aussahen, blieb unbewegt im Felde stehen. Man jagte sie damals selten, denn sie waren die Kleemeister der Dörfer; gefallenes Vieh wurde einfach vor den Ort hinausgeworfen, und das wilde Gevögel sorgte für Entfleischung – »den Adlern und wilden Hunden« (dem Schakal, der auch noch vorkommt) »zur Beute«, heißt es ja im Homer, wenn ein Held droht, den getöteten Feind schmachvoll unbegraben liegen zu lassen.

Zusatz 1880. Ritt von Lamia auf den Othrys.
(Kritische Gänge VI, 23–38; 1880)

Wer aus und über Italien schreibt, hat einen schweren und leichten Stand; schwer, weil der nordische Fremdling, der offene Sinne hat, nicht ungestraft in den hesperischen Lüften wandelt; eine Trunkenheit erfasst ihn, die er vielleicht erst ausschlafen sollte, ehe er zur Feder greift, denn er läuft sonst Gefahr, das Bild eines Zustandes zu Papier zu bringen, in dem ihn der Leser, der doch nicht von der Assunta des Tizian, nicht vom Markusplatz, nicht vom betäubenden Lärm der Gassen, nicht aus der Luft, die jeden Nerv höher belebt, nicht vom dunkeln Coneglianowein herkommt, für einen Menschen halten muss, bei dem es im Obergeschoss nicht ganz richtig ist; und doch darf er auf einige Nachsicht hoffen; ein gutes Präjudiz, das Nachsicht im Gefolge hat, kommt ihm zu Hilfe; dies gute Präjudiz ist eine gewisse gutmütige Neigung des Lesers, sich mit dem Rausch anstecken zu lassen; schon der Name Italien bringt ja für den Nordländer eine gewisse Disposition zur Trunkenheit mit sich. So ist denn der schwere Stand doch auch wieder ein leichter; der Leser wird sich namentlich einige Unordnung gefallen lassen, und ich werde diese Nachsicht ansprechen müssen.

(…) wie frisch sind diese Menschen! wie unblasiert! wie aufmerksam andächtig bei allem Lärm! Und wie viel Naturerziehung hat selbst der Gemeinste! Da fällt kein schnödes Wort, wird nicht getreten, gestoßen, da ist man vor jeder Rohheit gesichert! Und so ist es ja hierzuland überhaupt. Ich wollte sehen, wie es herginge, wenn in einer deutschen Stadt die ganze Bevölkerung, die höchste Aristokratie bis herab zum Bettler in Lumpen, eng gedrängt, sich die langen Abendstunden durch 5–8 Fuß breite Gässchen, wie die Frezzaría und Mercería, spazieren schieben wollte! Der Student würde den Studenten rennen, der Gardeleutnant den Säbel so stellen, dass der Bürger sich daran stoßen, darüber stolpern müsste, der Knote würde mit dem Ellbogen puffen, den Mitmenschen auf die Zehen treten – kurz, der Reiz zur Lümmelhaftigkeit, der so tief in uns liegt, würde unwiderstehlich wirken und die Sitte im ersten Versuch aufheben, der ja aber schon darum undenkbar ist, weil Hr. Graf soundso und Frau Ober-Ober soundso schon bei seiner bloßen Nennung die Nase rümpften. Hier streifen sie ruhig am braunen, von der südlichen Sonne vergoldeten Seemann, am Bettler in Fetzen hin. Eine Bettlergestalt begegnete mir neulich; da konnte man einmal sehen, was Lumpen sind! Ganze Quasten, Troddeln, Nesteln hingen an den Resten der gewesenen Substanz seiner Kleider herum; dabei sah er ganz heiter aus; so ein Mensch ist wohl unglücklich, aber lange nicht so unglücklich als mancher Glückliche im deutschen Land; denn er lebt sich aus, er würgt nichts in sich hinein, auch er ist eine gediegene klassische Existenz, echter, flotter Husar der Bettelei, ein Stand, eine Gattung. Aber am Sonntag darauf sah ich ihn wieder unter den Arkaden des Markusplatzes; er hatte seinen Staatsrock angezogen: Grund rhabarberfarbig, neu geflickt mit großen, prächtigen blauen Pletzen – ich bemerkte Körbe mit solchem Material gefüllt, um ein paar Kreuzer in den Nebengässchen der Frezzaría zum Verkauf ausgestellt –; er schritt stolz, festlich und führte seine Gattin am Arm. (...)

Dass die hohen Werke der Kunst und die gegenwärtige Umgebung der Wirklichkeit nicht einander widersprechen, sondern zusammenstimmen, darauf beruht der ideale Zustand, in den uns Italien versetzt. Kommst du in Venedig aus der Akademie oder dem Dogenpalast oder einer der bildergeschmückten Kirchen, so siehst du nicht eine Welt um dich, welche die Kunstwelt, die dich entzückte, Lügen straft. Ringsum strahlt alles von Licht, blitzend spiegelt sich diese Lichtwelt in den Kanälen und die Schatten selbst sind von wunderbarer Klarheit und Durchsichtigkeit; die reine, feine Luft verjüngt deine Nerven; Palast steigt an Palast, Säulenhallen umgeben die innern Höfe, so manche Plätze wie den unvergleichlichen Marcusplatz. Nun tritt mit mir da in die nächste Trattoria; einige Signori sitzen am Tisch; sieh sie näher an: die alten Bilder leben in ihnen, das sind ja die Köpfe, die Giorgione, Tizian, Veronese, Tintoretto gemalt haben; oder willst du die Weiber dieser Meister und eines Palma Vecchio, eines Bordone, Pordenone wieder in Fleisch und Blut wandeln sehen? Komm mit auf den Marcusplatz, die Musik spielt eben, die schöne Welt gibt sich ihr Stelldichein; da sieh nach den lichtvollen, vom südlich größeren Augenlid umschlossenen, von vollen Wimpern beschatteten Augen, den Gesichtsformen, woran nichts klein und gekniffen ist, dem lebendigen, beredten Spiel der Züge, dem schwungvoll aufgesetzten Halse; bemerke auch, wieviel Blonde darunter sind, selbst von der Farbe des sanften Aschblond, das man sonst nur im Norden sucht; das wird wohl von Goten und Longobarden stammen, wenn nicht die alten Veneti selbst schon manche Schönen dieser Farbe auf dem, damals wohl noch etwas mangelhaften, Marcusplatz spazieren führten; die Jahrhunderte aber haben den nordischen Menschenstoff ganz in die südliche Form geprägt und nur die Farbe gelassen; – genug, es sind die Modelle, es sind die reizenden, vollen, gefährlichen Schönen der alten Maler, und ob du sagst, ihre Bilder leben wieder, oder, das Leben werde zum Bilde, beides ist gleich wahr.

Durcheinander aus Oberitalien.
(Kritische Gänge VI, 180–204; 1867)

Ecco il mare, sagte ein Dalmatiner, der mir im Eisenbahnwagen gegenübersaß, indem er das Fenster öffnete; *quanto è grato e dolce!* setzte er mit sanfter Stimme hinzu. Es war am 22. April 1860; ich war den Tag zuvor über den Semmering bis Graz, heute von Graz aus gefahren, stets unter kaltem Regen, Sturm, wirbelnden Schneeflocken. Wir fuhren jetzt am späten Abend unterhalb Nabresina, der vorletzten Station vor Triest, alle Fenster geschlossen; es war schon dunkel, und wer wollte bei solchem Wetter nach der Landschaft ausschauen; dass uns der Schienenweg jetzt auf mäßig hohem Ufer am Meere hinführte, wusste ich gar nicht. Aber siehe da! der Regen hatte aufgehört, der Sturm schwieg, der Himmel hing wohl noch voll schwerer Regenwolken, dunkelgrau, trüb, lastend, traurig, aber das Meer hatte alles, was noch von Licht am Horizonte zerstreut war, auf seinem Spiegel gesammelt und seinen fernen Saum an gebuchteter Küste mit einem flimmernden Silberschein geschmückt. So windstill war es, dass man nicht ein Rauschen hörte, ja beim schönsten Wetter, der ruhigsten Luft habe ich das Meer nie so schweigend gefunden. Ich habe es in jedem Zustande gesehen: lachend im tiefen, reinen Blau des italienischen Himmels, während muntere Delphine um das Schiff scherzten, glühend wie lauter blutrotes Feuer im Sonnenuntergang, wütend und brüllend im Sturm und die brandenden Wellen wie Schaumgestalten seltsamer Ungeheuer fünfzig Fuß und höher an zackige Klippen emporjagend, immer groß, immer den staunenden Geist zu einer Ahnung des Grenzenlosen erweiternd; jetzt hatte ich lange Zeit seinen Anblick entbehrt, heute im Missbehagen des lästigen Unwetters ganz vergessen, dass ich ihm so nahe sei. Und unverhofft ist es da, nicht im Schmucke des Ultramarin oder des glühenden Goldes, nicht in der wilden Majestät des Sturmes, nächtlich grau, matt aufleuchtend, hindämmernd im sparsamen Helldunkel, geheimnisvoll lautlos wie nie, groß, weit, unendlich wie immer! Wem die Seele im Unwetter des Lebens so still, groß, weit, unendlich wäre! Eine Ruhe, ein Friede kam über mich, dessen ich gar sehr bedurfte. (...)

Eine Reise.
(Kritische Gänge I, 309–450)

Ich wandelte am Strand auf der Insel Sylt. Die See ging hoch, ein scharfer Nordost drückte ihr die Sporen ein. Es war kein Rhythmus mehr im Wogenschlage wie an ruhigeren Tagen. Wer das Meer kennt, weiß, wie reizvoll der Anblick des methodischen Werdens, Wachsens, Vergehens der Wellen ist. Die Form ist zuerst einfach konisch, die zuwachsende Wassermasse verändert sie, die Seiten werden ungleich: die von der See her geschwellte nimmt mehr und mehr die Form eines Schwanenhalses oder schön geschwungenen Rosshalses an, die dem Lande zugekehrte wird zur Hohlkehle. Nur einen Moment kann diese Form dauern, denn die Welle ist hiemit im Stande der völligen Reife. Ihre Auflösung besteht darin, dass sie sich über sich selbst übergießt; als Wasserfall stürzt sie sich über ihre hohle Seite und eilt nun, gedrängt von den Nachfolgerinnen, als Schaum dem Lande zu. Der Schaum muss zurück, und schon wieder halb zu Wasser geworden wird er von der nächsten Welle aufgenommen, steigt in jener Hohlkehle mit zum Kamm empor, so muss die alte Welle wieder ans Land, und wie lange es braucht, bis ihre glatten Atome ganz zerstreut und draußen sind im offenen Meer, wer weiß es? Denn wer könnte Festes unterscheiden im ewig Rinnenden, das immer neuen Zufluss anderswoher zu holen scheint und ihn doch immer nur aus sich selbst nimmt und »will sich nimmer erschöpfen, noch leeren, als wollte das Meer noch ein Meer gebären?« Die Auflösung, die Selbstübergießung der Welle ist die schönste Szene des immer neuen Schauspiels. An irgendeiner Stelle verkündigt der ansetzende Schaumkamm, dass nun das Schütten beginnt, es läuft dann rasch, als bliese man ein Kartenspiel um, an der Welle hinunter; oft beginnt aber dieser Ablauf an zwei entlegenen Stellen, und nun ergötzt sich das Auge daran, wie die zwei Bewegungen sich einander nähern und zusammentreffen. Der schaumige Übersturz erinnert an die Mähne des Rosses, wie der Rücken der Welle an den Hals, das Aufsteigen an das Bäumen, und nichts liegt näher, als dass dies feurige Tier mit dem schwungvollen Bau Symbol des Meeres ist und Poseidons Wagen zieht. Der Ton des Übergießens ist ein zischender, schüttender, klatschender, plätschernder, während die werdende Woge durch breites, volles, ansteigendes Brausen sich verkündigt. Nicht aber jede Woge gelingt, der einen wird im unendlichen Rinnspiel die Nahrung von einer anderen entzogen, die andere, halb fertig, wird von einer stärkeren gekreuzt, wie ein Menschenleben von widrigem Geschick; die Badenden kennen das; es ist lustig, die nackten Männchen – wie klein ist der Mensch, am großen, schrecklichen Elemente gemessen! – den Wogen nachspringen zu sehen, um ein gediegenes Sturzbad zu erhaschen, und enttäuscht hinwegwaten, wenn die Woge misslang. Auf Sylt darf man sich freilich hübsch in Acht nehmen; das ist eine wilde, tückische See; ist sie nur etwas über das Gewöhnliche bewegt, so hält der stärkste Mann nicht den Wasserfall der

Woge selbst, mit Mühe den nachfolgenden Schaumstoß aus; wer nicht mit richtiger Schulterwendung zu parieren weiß, wird noch von diesem auf die Nase geworfen, dass ihm Hören und Sehen vergeht. Der Rückprall einer zerschäumten Welle aber hatte in diesem Sommer eine Dame aus Estland in die See hineingerissen, glücklicherweise konnte ihre Schwester sie erhaschen, als eine der nächsten Wellen sie wieder dem Lande zuschwemmte; es gelang schwer, die Bewusstlose ins Leben zurückzubringen.

Wie ähnlich ist diese Wogenwelt der Berge- und Felswelt des Hochgebirges! Hier alles Bewegung, dort alles starr, und doch wie ähnlich! Nicht bloß weil lebendige Phantasie die Vorgänge aus der Gestaltungszeit unserer Erde sich erneuert, durch welche diese Formen einst wurden, das Urgebirg aus Feuerschoß sich türmte, das Flözgebirg angeschwemmt, von Wassern wieder durchschnitten, durch unterirdische Kräfte wieder da gehoben, dort zerworfen wurde: nein, es ist das Unerbittliche, was beiden so entgegengesetzten Erscheinungen so verwandte Großheit gibt. Wen der Anblick des Gebirges erhebt, der bedenkt aufschauend an den steilen Schroffen, starren Rücken, stolzen Stirnen und ragenden Zacken nicht, dass menschliche Kühnheit schon höhere bestiegen hat, die unerreichbar schienen; wer das Meer bewundert, der vergisst, dass selbst dieses furchtbare Ross im Menschen seinen Reiter gefunden hat, oder er erinnert sich nur der Wildheit, womit es ihn abwirft. (…) An alles, was unerschütterlich, sich selbst gleich, hoch und stolz ist auch im Menschenleben, was sich nicht abbiegen, nicht kneten lässt und schlechthin tätig ist, mahnen die majestätischen Höhen und die ungebändigten Wogen; ein Schauspiel, wohl geeignet, die Nerven der Seele zu stärken; wer tief verwundet ist von den Geschossen des Schicksals, der mag da hinschauen und lernen, dass man mit der Weichheit nicht durchkommt und dass Kraft die Losung des Lebens ist.

Diesmal aber wollte mir die Stimmung nicht zu Stande kommen. So groß ist ja auch das Großartigste nicht in der Natur, dass es wirken könnte, wo die Gemütslage nicht darauf eingerichtet ist. Das Brausen, Zischen, die klatschenden Schläge durchkreuzten sich mir unbehaglich und unrhythmisch im Gehör, und zwischen dem Donnerton glaubte ich kichernde Geister zu vernehmen, die sich über den verdrießlichen Wanderer lustig machten. Ich wusste nicht, war es die Sehnsucht nach einem anderen Meere, was mich unempfänglich stimmte, oder sehnte ich mich dahin, weil ich nicht bei Stimmung war. Ich hatte im Mai mein geliebtes blaues Mittelmeer wieder gesehen, war von Livorno in lauer Mondnacht nach Genua gefahren; muntere Delphine spielten damals um das Schiff; am anderen Morgen stand ich auf der Kuppelgalerie der Kirche S. Carignano; in einem Meere von Blüten schwangen sich die Gelände, welche die stolz aufsteigende Stadt umfassten, die gesegneten Küsten, *riviera di levante* und *di ponente* hinaus in die Ferne und umfassten den strahlenden Spiegel eines Himmelsblau, dessen Tiefe dem Nordländer, wenn er kaum hinweggereist, alsbald wieder unglaublich ist. Und am inneren Auge gingen die Bilder von Venedig, Bologna, Florenz, Pisa vorüber, die Marmorpaläste, die prangenden Hallen, der Wald von Kunstwerken, womit der menschlich schöne Stolz dieser Städte, Kirchen, Straßen, Stadthäuser, Klöster, Friedhöfe geschmückt hat. Das war etwas anderes als dies gelbgraue Meer, die fahlen Dünen am Strande, die zerstreuten Strohhütten der paar armen Dörfer und das Städtchen Keitum. So öd und kalt ist diese See, dass man selten eine Möwe sieht, nicht einmal Quallen wirft sie aus, wie auf Norderney die Flut sie auf den Strand zu spülen pflegt; dagegen vergeht selten eine Woche, wo nicht ausgeworfene Trümmer gestrandeter Schiffe von einer Gefährlichkeit zeugen, die doch leicht das Gemüt aus der betrachtenden Stimmung hinweg in ein täuschungsloses Mitgefühl mit menschlichem Elend reißt. Eben an jenem Abend stieß ich auf den Rumpf eines geborstenen Mastes und eine Anzahl von Warenkisten; sie trugen alle einen italienischen Namen, der Kaufherr, der Sohn des sonnigen Südens, schlief wohl nun tief auf dem Grunde der kalten, grauen, tückischen Nordsee.

Ich bin nicht gewohnt, das Heimische unzeitig zu vergleichen und untreu zu verachten. Die Reise hatte mir wiederholt, was ich längst wusste: dass der Norden auch seine Reize hat. Das saftige Grün der Wälder und

Wiesen, das stattliche Vieh auf den malerischen Weideplätzen grasend oder gelagert und ruhig widerkäuend, die niedrigen Backsteinhäuser mit den Strohdächern, von Ulmen, von Buchen überall freundlich umschattet, der grauliche Ton der feuchteren Luft, der schon in geringer Ferne alles umsäumt und beschleiert, das alles ist malerisch auf seine Art, fühlt sich wohnlich, gemütlich, heimlich und man begreift recht wohl, wie Menschen, die hier zu Hause sind, auch Heimweh leiden können, wenn sie in der Ferne weilen. Und die See bleibt doch immer See! Dies Unendliche, Unbegrenzte, stets Bewegte, Durchsichtige, kristallisch Spiegelnde stimmt doch immer weit und frei, führt die Seele hinaus, rollt ihr Bilder des großen Völkerverkehrs auf und macht sie lustig zu Gedanken der Kühnheit, der Unternehmung. Kurz, die See ist immer etwas Flottes; das Studentenwort ist nicht umsonst vom ungehemmt Fließenden genommen; wohl gibt es auch an der See Philister, aber der Seephilister ist doch ein flotterer Philister als der eingeklemmte, klebrige Philister des Binnenlandes. Ist die Nordsee nicht so einfach schön wie das mittelländische Meer, so ist sie dafür dramatischer. Ebbe und Flut sind ihre Akte und Szenen, oder, wenn man will, auf Ruhe folgt wiederkehrend erschütternde Schicksalswendung und Katastrophe. Und selbst die Farbe! Ich habe Tage erlebt, wo auf diesem trüben Gelbgrau das sanfte Blau des nordischen Himmels bei hellem Sonnenschein sich so glänzend spiegelte, dass beide Farben reizvoll spielend ineinander schienen und stachen, es war wie schillernder Atlas.

Und wie treffliche Menschen hatte ich gefunden! (…) Gestehen wir Süddeutschen es nur: der Norden ist gastlicher als wir. Der hellere Himmel zieht uns aus dem Hause und wir schleppen den Fremden zehn Mal in Biergarten und Weinstube, ehe wir ihn einmal an unserem Herde bewirten. Dort, im nebligen Flachland, ist das Haus der warme Mittelpunkt des geselligen Lebens, und auch in diesem Sinne gilt, was von allem deutschen Wesen gilt: innerer Wert bei scheinlosem Aspekte des Äußeren. Eng und krähwinklig war die Klage über die »Zugeknöpftheit der Bremer« auf dem Schützenfeste vorigen Sommers. Hätte sonst nichts gefehlt, als dass die Leute dort sich einem weniger rasch an den Hals werfen, weniger schreien und jodeln als die Zecher aus Schwaben und Franken und der Pfalz, so hätte die wackere Stadt nicht mit so unerquicklichem Erfolge die ungemeinen Anstrengungen gemacht, um ein frohes und hohes Fest zu Stande zu bringen. (…)

Ein Gang am Strande.
(Kritische Gänge I, 508–543; 1866)

Eine Art zu reisen, ja, die ist Genuss an sich, wohl der reinste Lebensgenuss, vorausgesetzt gut Wetter, gute, wohl ausgetretene Schuhe und kein Hühnerauge; eine Fußreise ohne Begleiter außer einem Hund. Nur ja niemand mit, und wäre es der Busenfreund, der eigene Bruder, der eigene Sohn – nicht, nicht! Man hat ungleichen Schritt, will sich gern nach dem Begleiter einrichten, vergisst es immer wieder nach wenig Minuten, und der eine oder andere zappelt sich ab, ist gehetzt; der eine will einkehren, der andere nicht, der eine reden, der andere schweigen, dieser gibt nach, und man verschwatzt die herrlichsten Landschaftspunkte, die schönsten Beleuchtungen. Es ist Entbehrung, sich nicht mitteilen zu können, aber dies negative Übel viel kleiner als jene positiven. – Wandern, wandern, seiner Rüstigkeit froh, Diogenes mit federleichtem Gepäck, schauen, träumen, viel denken und nichts denken, bei Sennen einkehren, im ländlichen Wirtshaus übernachten, wo es noch einen Hausknecht gibt, der mit der Innigkeit edler Leidenschaft die Stiefel wichst, in dessen Gesicht nicht jeder Zug Trinkgeld heißt, – freundlich plaudern mit Landvolk, mit Haustieren, schlafen wie ein Sack, in Morgenfrühe weiter, von Lerche, Fink, Amsel begrüßt – kurz, man lebt. – Leider geht's in Italien, wenigstens auf den Hauptlinien, nicht; brennende Landstraßen, zu wenig Feldwege, zu wenig Grün, zu wenig reinliche und zuverlässige Landherbergen.

(Auch Einer, 507 f.; 1879)

Hochgebirg stimmt idyllisch. Diese Stimmung verlangt durchaus eine entsprechende Staffage. Man erwartet Menschen, in deren Seelen und Sitten noch einige Unschuld ist, wie man sich solche als wesentlichen Zug des Hirtenlebens unwillkürlich vorstellt. Das Wort »Unschuld« bitte ich sehr lässlich zu nehmen, sonst wird mir auf dem ersten Schritt dieses elegischen Ganges ebendie Ironie begegnen, die sich jetzt in unsere Bergtäler hineinfrisst: Auch unsereiner weiß sehr wohl, dass Hirten und Bauern keine arkadischen Schäfer sind. Unschuld heißt nur z. B.: noch nichts davon wissen, wie sich Naturschönheiten ausbeuten lassen; Unschuld heißt nur z. B.: nicht wissen, welchen Reiz das Niveau hat für den, der nicht mehr naiv ist. Das also erwartet ein richtiger Sinn im Hochgebirge; es ist das Bedürfnis der Konsonanz, der Harmonie, das jedem gesunden Geistesleben innewohnt.

Nun ist dadurch einige wenige städtische Staffage nicht ausgeschlossen; die Stimmung wird noch nicht zerrissen, wenn man da und dort einen Zylinder- und Damenhut sieht; nur geht aus dem Grundbedürfnis hervor, dass man wünschen muss: es sitzen darunter Köpfe, welche die Natur als Natur zu fühlen vermögen, Menschen, die gern einmal mit dem Volk umgehen, sich in dasselbe versetzen, es verstehen, sich in die Einfachheit schicken, auf einige ihrer gewohnten städtischen Bequemlichkeiten gern verzichten, begreifen, dass man das Volk in seiner Naivität lassen, nicht steigern soll, und welchen vor allem fremd ist: Spott, ätzender Witz und jegliche Blasiertheit.

So nun fand man es einst z.B. im bayerischen Gebirge. Das beste Kontingent der städtischen Besucher waren die Maler – die letzten, wie sich von selbst versteht, die geneigt sein könnten, zu korrumpieren, was ihnen als köstlicher Stoff für ihre Kunst dienen soll.

Und damit ist es nun aus. Das Gebirg ist überschwemmt mit Menschen, von denen man voraussetzen muss und erfahrungsgemäß weiß, dass sie die Natur suchen und, wenn sie sie finden, zerstören, weil ihnen die erste Ahnung von dem abgeht, was Natur ist. Wir wollen es nur gleich am Hauptpunkte fassen: an den Preisen. Ich bitte den billigen Leser recht inständig, nicht zu meinen, es handle sich dabei nur von der Börse. Zwar freilich auch; denn wer das Bescheidene am besten würdigt, das sind gebildete Menschen, die sich bescheiden, weil sie sparen müssen. Doch keineswegs im Wesentlichen; es handelt sich um den moralischen Eindruck der Teuerung. Sie ist ein Zeichen davon, dass die Bewohner verdorben sind, weil sie gelernt haben, dass die Schönheiten der Natur ihnen als Schröpfkopf dienen, um Touristen auszusaugen. Man weiß, wie das gekommen ist. Es mehrten sich im bayerischen Gebirge, wie in längst entschwundener Zeit in der Schweiz, allmählich die Besucher, welche vor den Wirten von »lächerlich, fabelhaft wohlfeil« sprachen. Gebirgsleute sind nicht so dumm, sich das nicht hinters Ohr zu schreiben. »Nun, wenn's euch zu wohlfeil ist, das lässt sich ja machen.« Es kamen mit diesen Ironikern nun aber auch die Ansprüche. Ich fragte neulich eine Dorfwirtin: warum sie keinen Wirtstisch gebe (*table d'hôte* auf Deutsch). »Es geht nicht«, sagte sie; »es sind zu viele da, die besondere Speisen wollen.« Was denn zum Beispiel? »Rosinen in die Suppe, Zucker auf den Salat.« Das macht ihr ihnen? »Ja, aber –.« Sie vollendete nicht, warf mir nur einen Blick zu, in dem hell zu lesen stand: »aber zahlen müssen sie dafür, dass ihnen die Haare rauchen!« Nun, und wir Süddeutschen, die wir uns ihre Nudelsuppe mit dem Würstl, ja gar ihre Knödel genügen ließen, müssens mitbüßen. Es ist außerdem überhaupt schon die Menge, die Überflutung, was die Geldgier aufreizt. In einem geringen Dorf am Tegernsee wird mir für eine Stube im ziemlich fernen Hinterhaus, wo es auch an den einfachen Bequemlichkeiten gebricht, die selbst ein nicht verwöhnter Städter nicht entbehren mag, ein Gulden täglich gefordert; dies und viel mehr zahlt man gern in der Stadt; auf dem Land ist die Forderung ein Beweis von Verdorbenheit. – Hiemit gute Nacht, Idylle! Da bleiben wir lieber in der Stadt, wo neben den Lastern und Übeln der Kultur auch ihre Gegengifte und Güter zu finden sind. (...)

Ein Italiener hat mir einmal etwas Hübsches gesagt, er sprach mir aus der Seele; offen gestanden, ich hätte es nicht aus italienischem Mund erwartet, denn diese Nation fühlt poetisch, aber nicht romantisch. Er hatte sich, nachdem er schon Jahre in Zürich gelebt, doch endlich entschlossen, den Rigi zu besteigen. »Nun, wie war es?« »Unleidlich«, war die Antwort; »wenigstens dreihundert Menschen, modernes Volk, warteten dem Sonnenaufgang entgegen; ich meinte die Berge selbst tragen schon Vatermörder und Manschetten.« Und da dies ein Italiener sagt, darf ein Deutscher sagen, dass, als er es sich endlich auflegte, das Berner Oberland zu sehen, und als er im Lauterbrunner Tal durch alle die Schraubereien Spitzruten lief und überhaupt die ganze Wirtschaft kostete, – dass ihm zu Mute war: die ganze herrliche Natur ringsherum sei eigentlich nur von den Wirten auf Pappendeckel gemalt, um die Fremden auszupressen. Jetzt mag es erst nett sein auf dem Rigi, wenn man oben mit der Eisenbahn ankommt und nun die Aus- und Anschreier für »*Hôtel*« Rigi-Kulm und Schreiber-Rigi-Kulm einander vor Neid und den Ankömmling vor Raubwut fast zerreißen, wobei die einen noch mit dem Geschell einer ungeheuren Kuhglocke Reklame machen. Wem das den Magen für die Natur nicht verderbt: wohl bekomms! (…)

Der Italiener nimmt merkwürdig schwer gewisse Zurüstungen für die Bequemlichkeit an, die sich in aller übrigen Welt von selbst verstehen. (…) Dagegen ist als wahre Wohltat das treffliche italienische Bett zu nennen. In Deutschland meint man ja fast noch allgemein, schlafen heiße, sich das Gehirn in Federkissen ausschmoren. Ich bin geneigt, manche krankhafte Erscheinungen in unserer modernen Literatur, z.B. Neuromantik und Pessimismus, von diesem nächtlichen Siedezustande des Gehirns abzuleiten. An der Tafel herrschen noch jene schrecklichen zackigen, an wahnsinnige Muscheln erinnernden Brote, wie man sie auf vierhundertjährigen Bildern schon gemalt findet, gebacken aus einem Teige, der wie Lehm in den Zähnen klebt und wie Blei im Magen liegt, und so hart von Kruste, dass Esser dazu gehören von jenem glücklichen Lebensalter, wo man noch eine Steinsäge im Munde führt. Die ärztlichen Diätvorschriften sind äußerst tolerant und gestatten vielleicht nur gar zu gemütlich die guten Bissen, die der italienischen Küche immerhin nicht fehlen. Keine widerwillige Bedienung vergiftet das durch Morgenbewegung redlich verdiente Pranzo. Alle und jede Kellner Deutschlands, namentlich das schlingelhafte Volk unserer Badekellner, hätte ich herbeirufen mögen, sich den braven Matteo als Muster eines Kameriere einmal anzusehen. Er hatte vor allem Appell. Was heißt Appell haben? Es heißt: ein Zeichen geben, dass man gehört hat, wenn gerufen wird. Man sagt von den Schwaben, sie seien die potenzierten Deutschen; wenn sie es sind – leider jedenfalls auch in den Fehlern. In München trat ich aus meinem Gasthofzimmer einmal auf den Korridor. Hier steht das Zimmermädel und fragt, was ich wolle. »Nur den Hausknecht.« »Er ist da«, sagte sie, »dort auf dem andern Flügel des Korridors, und klopft Kleider aus«. Man hörte ihn klopfen. Sie ruft: »Xaver!« Keine Antwort. Sie wartet eine Pause im Klopfen ab und ruft dann wieder und lauter: »Xaver!« Es bleibt still. Jetzt tritt sie zu mir her, rückt mir mit bedeutender Gebärde den Kopf nahe ans Ohr und sagt: »'s is a Schwob.« – »*Eccomi!*« oder »*Vengo!*« antwortet der italienische Diener, wenn ihm gerufen wird, mag er nahe oder fern sein, mag er augenblicklich Zeit haben, herbeizukommen oder nicht; er lässt mich nicht im Ungewissen, ob er mich gehört hat; »kannst warten«, denkt der deutsche Steckkopf, »wirst schon merken, wann ich Zeit habe«, und schweigt. Von je mehr Seiten die Forderungen, die Rufe kamen im vollen Speisezimmer, umso höher wuchs meinem Matteo Lust und Mut; rief, schrie, klingelte es von allen Enden, so kam es über ihn wie ein Wehen von oben, sein Dienst wurde Begeisterung; nichts vergaß er; die Teller, Bestecke, Gläser flogen unter seiner Hand und er zerbrach nichts, dabei immer guter Laune, immer heiter. O Matteo, an dich werde ich noch lange denken! (…)

Ein italienisches Bad.
(Kritische Gänge VI, 296–325; 1875)

Tiere

Übrigens hat man, wenn man es zeitenweis bei den Menschen nicht mehr aushält, die Tiere. Aus meiner Kinderzeit freut mich nichts so sehr, als wie ich eine »Arche Noä« zum Christtag bekam.

*

Hund eingetan; Pudel. Lustig und doch sehr rationell. Gutes Vieh. Rührend. Wie viel wedelt doch so ein Hund den Tag über! Wenn man bedenkt, dass jedes Wedeln eine heitere oder wohlwollende Empfindung ausdrückt, wenn man dann beobachtet, wie oft ein Hund wedelt: wieviel Herzensfreude, wieviel Menschenliebe, Güte zieht also den lieben, langen Tag durch so eine Hundeseele! Auch wieviel Humor, denn das Wedeln ist ja auch Surrogat für Lachen. Unendlich merkwürdiges Supplement für Mienenspiel, psychographischer Schwanz.

*

Der Hund – abgesehen vom Amtshund – ist wesentlich und vor allem Gassenjodel, eben ganz wie ein Bub. Dabei furchtbarer Renommist. Sein Fest ist, hinauslaufen mit dem Herrn, namentlich mit Pferd und Wagen. Er stürzt, wenn's fortgeht, hinaus mit wütendem Lärm, er tut, als wollte er die Welt zerfleischen, ja, das Kantische Ding an sich zerschlitzen. Hallo! *Wir* sind da! Hellauf!

*

Wenn ich mit Karo an einer Wiese vorbeigehe, so springt er hinein, hält, sieht mich an, und jeder Zug, Blick, jede Bewegung sagt: Wohlan denn! *Eh bene! Eh bien!*

Ich soll mit ihm Fangens spielen.

*

Goethes Hermann und Dorothea wäre ein Dichtwerk, dem man das Prädikat der Vollkommenheit zuerkennen müsste, wenn nicht eines darin fehlte: ein Hund. Gehört doch gewiss in ein Idyll. Goethe konnte aber bekanntlich die Hunde nicht leiden. Hätte er sie gern gehabt und selbst einen gehalten, so wäre gewiss seine spätere Poesie natürlicher geblieben und namentlich sein zweiter Teil Faust nicht so ganz fleischlos ausgefallen.

*

Wenn ein Hund seinem Herrn oder einem Freunde seines Herrn sich bemerklich machen, seine Anwesenheit ihm anzeigen möchte, kann aber nicht beikommen, weil der ihm den Rücken bietet, so stupft er ihn ein weniges mit der Nase an die Wade. – Mit seinem feinsten Organ. Wie zart!

*

Die Tiere sind auch sehr eitel. Zeigen, was sie können: fliegen, springen, apportieren, klettern usw. Die Katze folgt dem Herrn, der Frau in den Garten, klettert auf die Bäume und sieht oben herunter: da guck her! mach's nach, wenn du kannst! Kommt ein Besuch, so hüpft sie auf den Sofa zu ihm, schmiegt sich ihm an und sagt mit jedem Zuge: siehst du, das ist nun unsere Stube! und ich gehöre auch dazu. – Pferd, Kuh sogar, wissen sehr wohl, wenn sie aufgeschmückt, bekränzt sind.

(Auch Einer, 420f.; 1879)

Eine neue Form der Tierquälerei scheint bei uns einreißen zu wollen: man begegnet neuerdings in Stuttgart das eine und andere Mal einer *Hundefuhr*. Der Einsender möchte gerne, so viel in der Kraft des Einzelnen steht, dazu mitwirken, dass dem Aufkommen dieser bis jetzt bei uns noch nicht dagewesenen Art von Grausamkeit gleich in den Anfängen gesteuert werde. Der Hund kann ohne Misshandlung nur auf den Schneefeldern der kalten Zonen als Zugtier verwendet werden; wo der harte Huf des Pferdes, Esels und Rinds zu tief einsinken würde, drückt sich seine weiche Pfote leicht ein und presst so viel Schnee unter sich, um den zum Zuge nötigen Druck gegen den Grund ausüben zu können; übrigens spannen Lappen und Kamtschadalen immer eine Mehrzahl von Hunden an Wagen oder Schlitten. Dies ist eine Ausnahme; als Regel steht fest: der Hund ist kein Zugtier, weil er ein Pfotentier, kein Huftier ist. Der harte Boden des Steinpflasters und der Landstraße nötigt das huflose Tier zu doppelter, ja sechsfacher Anstrengung und jeder, auch der stärkste Hund, der zum Zuge gebraucht wird, ist daher in kurzer Zeit strupiert, d.h. halblahm im Sprunggelenk und Kreuz. Ist nun ein solcher Brauch erst im Aufkommen, so sieht die Sache ganz unbedenklich aus; meist große, wohlgenährte Hunde scheinen, unterstützt von einem Menschen, der den schwereren Teil der Kraftanwendung übernimmt, ihren Dienst leicht versehen zu können; sie werden geschont, nicht oft eingespannt. Ist aber die Sitte einmal eingerissen, so kann niemand verhindern, dass auch kleine, schwache, schlecht genährte Hunde zu täglichem, tagelangem, schwerem Dienst verwendet werden, ja dass sie mit krankem Fuße den Dienst fortsetzen müssen, wie denn der Einsender am Rhein solche Geschöpfe gesehen hat, die eine verletzte, eingewickelte Pfote in die Höhe haltend auf drei Füßen hinkend ihre Arbeit verrichten mussten. Dies war in Düsseldorf, wo jedoch, wie ihm kürzlich mitgeteilt wurde, ein neuer Bürgermeister mit einem Federstrich dem ganzen Missbrauch der Hundefuhr ein Ende gemacht hat. – Der Hund ist ungemein willig und diensteifrig, er leistet, so lang er kann, mehr als verlangt wird, und die Rohheit missbraucht den Eifer des guten, armen Tieres. Auch das hat der Einsender oft gesehen, wie barbarische Hundefuhrleute, wenn sie mit ihrem Karren außerhalb des Stadtbereichs waren, selbst aufsaßen und im tiefen Chausseestaub, in der Mittagsglut des Sommers den Hund, der ohnedies sein Möglichstes tat und dem die lechzende Zunge weit aus dem Maule hing, mit Peitschenhieben noch in Trab hetzten. Da der Hund nicht schwitzt, sondern die Hitze durch den Atem aushaucht, so meinen die Unmenschen, er leide nicht von der Hitze, und er könne sich nicht erkälten. Im Zugwind, im eisigen Wintersturm sieht man denn das heiß gejagte Tier oft stundenlang den Wagen hüten und auf den Fuhrmann warten. Dass er selbst den Schaden hat, wenn das Tier dann krank und früh zum Krüppel wird, das weiß oder bedenkt der Barbar natürlich nicht. Dies alles sind Folgen, die man nicht abhalten kann, wenn man nicht mit entschiedenen Maßregeln dem Anfang, dem Aufkommen des Brauchs entgegentritt. Wer zweifelt, ob wir nicht zu hart gezeichnet haben, der sehe nach in der Schweiz, wo Pferd und Rind so viel mehr als irgendwo geschont, aber der Missbrauch der Hundefuhr geduldet wird, in Thüringen, am Rhein, in Berlin und fast ganz Norddeutschland, in Holland. Und also bei uns? Jeder, der unser Volk und seinen wilden Hang zur Grausamkeit gegen das Tier kennt, wird mit dem Einsender in den Ruf einstimmen: Das könnten wir noch brauchen! In der Tat, wenn jemand wäre, der Nerven und Mitleid mit dem Tier hat und der etwa wünschte, an wiederholten Empörungen des Gefühls langsam qualvoll zu sterben, dem möchten wir raten, seine Wohnung an einer Landstraße in Württemberg zu nehmen und täglich zuzusehen, wie je unter zwanzig Zugpferden – sehr nachsichtig gerechnet – etwa zwei sind, die ohne beständige Hiebe zu leisten vermögen, was ihnen zugemutet wird, wie ein roher bösartiger Fuhrknecht den Fehler, den er in der Leitung gemacht hat, durch viehisches Hauen unter Flüchen die unschuldigen Tiere entgelten lässt, oder zuzusehen, wie die Kälber gehetzt, wie sie geknebelt und dann gleich Warenballen vom Wagen geschleudert werden usw. Es soll dieser Mahn- und Klageruf keine Beschuldigung gegen unsere Polizei enthalten; wir wissen, dass sie wenigstens in der Hauptstadt nach Kräften tätig ist; aber das gestehen wir, dass wir uns von der Meinung nicht trennen können, gewisse Maßregeln, z.B. Einführung einer Pferdeschau, sollten möglich sein und seien notwendig. Wer kein Pferd halten kann oder will, das zu leisten vermag, was von ihm gefordert wird, der soll keines halten dürfen: dies ist gewiss ein ganz begründeter Satz. Dass ein Verbot gegen jedes Einspannen von Hunden unabsehlicher neuer Grausamkeit zuvorkommen würde, glauben wir gezeigt zu haben. Im übrigen wissen wir wohl, dass die Polizei nicht ersetzen kann, was Schule, Kirche, Familie und stumpfes, mitleidloses Zuschauervolk versäumen. Ist es z.B. den Schullehrern und Geistlichen von ihren Behörden zur Pflicht gemacht, durch Lehre, Predigt, stetiges Einwirken nicht nur im Allgemeinen, sondern ganz speziell auf die einzelnen Scheußlichkeiten eingehend gegen die Barbarei der Misshandlung des Tieres ihren ganzen Einfluss geltend zu machen? Wir wissen es nicht, aber wenn Vorschriften bestehen: das glauben wir zu wissen, dass sie kaum lässig und halb und nur ausnahmsweise befolgt werden, und dass an Grausamkeit gegen das Tier nach dem Italiener gleich der Schwabe kommt, das hat mehr als einer gesagt, der Schwaben und Italien kennt. In diesen jetzigen Tagen erkaufen sich Tausende das Vergnügen des Schlittenfahrens mit den Leiden armer, schwacher, halbtot gejagter Lohnkutscherpferde, und eine Szene vom vorletzten Winter hat sich dem

Einsender tief ins Gedächtnis geprägt. Einige junge Herren gönnten sich das Vergnügen einer nächtlichen Schlittenfahrt, die etwa sechs Mal das Häuserviereck umfuhr, dessen vordere Seite der Königsbau bildet, dessen hintere Seite in die Friedrichsstraße geht. Ein unausgesetzter Regen wütender Peitschenhiebe erzwang von der letzten Kraft der dürren Mietspferde die erwünschte Schnelligkeit, so oft der Schlitten sich wieder näherte, hörte man schon von weitem das Sausen und Pritschen der Peitsche, und je wilder der Kutscher zuschlug, umso lauter jubelte die lustige Gesellschaft. Was soll aus dem Volke werden, wenn ihm die Gebildeten mit solchem Beispiel vorangehen?

In Sachen der Tierquälerei.
(Kritische Gänge III, 458–460; 1869)

Mit unserem Thema verhält es sich nun freilich so, dass überall die Mehrzahl eigentlich nicht gern davon sprechen hört. Es ist so sonderbar, so seltsam, wenn einer als Fürsprecher der Tierwelt auftritt. Man hat anderes zu tun, man braucht seine Zeit, sich für die Angelegenheiten der Menschen zu interessieren; gar auf der Straße sich gegen Tierpeiniger zu rühren, ist so auffallend; man lässt es lieber, es hilft ja doch nichts, man hält sich als gebildeter Mann abseits. Beliebt, aber leicht widerlegbar ist jener Einwand, der von der höheren Wichtigkeit der menschlichen Dinge genommen wird. Es ist durchaus falsch, wenn man sagt, es sei des Übels so viel in der Menschenwelt, dass die Leiden der niedrigeren Kreatur in unserer Teilnahme nachstehen müssen. Wirken zur Linderung menschlicher Not und zum Schutze der Tiere sind zunächst zwei Dinge für sich, die durchaus nicht in das Verhältnis des Vor und Nach gebracht werden dürfen, sondern deren jedes für sich ein eigenes Kapitel bildet. Das Tier leidet auf seine, der Mensch auf seine Weise; man kann auch sagen: jenes sei mitleidwerter als dieser. An vielen seiner Leiden trägt er Schuld oder indirekte Mitschuld, gegen alle hat er immer Stützen und Trostquellen, die das Tier nicht hat, Vernunft, Sprache, Verkehr sind ihm gegeben, auf Abhilfe zu sinnen und zu wirken; Leiden des Tiers ist ähnlich dem des wehrlosen Kindes, und wer findet ein Kind nicht mitleidwert? Nun aber hängen die Kapitel doch auch zusammen, und zwar wie tief! Wer das Tier gegen die

Rohheit der Menschen schützt, der schützt den Menschen gegen seine eigene Rohheit, den Einzelnen und die ganze menschliche Gesellschaft. Die Natur ist, wie jeder weiß, furchtbar grausam; Katze und Adler finden eine Wollust darin, ihre Beute nicht schnell zu töten, sondern lang und raffiniert zu quälen. Der tierquälende Mensch ist bloße Natur in diesem Sinn. Er vermehrt das allgemeine Foltern und wollüstige Würgen in der Natur, er handelt nur als höheres Tier gegen das wehrlosere, er ist nur höhere Katze, Tiger, Hyäne, Adler, Krokodil. Können wir die Menschen nicht aus dieser Tierheit ziehen, so mag nur ein allgemeines langsames Morden und Zerfleischen beginnen, dass es auf dem Planeten hergeht wie einst, als er nur ein Sitz von würgenden Ungeheuern war; verloren ist dann nichts an dem viehischen Geschlecht. Aus den Tierquälern werden die Augenausstecher und Zungenausschneider, wenn einmal die Wut unter den Menschen ausbricht, und Domitian fing, wie man weiß, seine Schule mit langsamem Fliegentöten an. Wollen wir den Menschen zum Menschen erziehen und die Gesellschaft sichern, so ist es gleich wichtig, ihn an dieser Stelle zu fassen wie an irgendeiner andern seiner Tierähnlichkeit.

Die Pflicht des Staates zum Schutze der Tiere erst beweisen wollen, wäre daher ein kindisches Tun. Manche freilich zweifeln und sagen, das Tier, das der Mensch züchtet, erkauft hat, sei sein Eigentum, und der Staat müsse die Behandlung des Eigentums freigeben. Das

Tier kann aber niemals so Eigentum sein wie eine Sache, denn es lebt, es empfindet. (…)

In Württemberg ist den Geistlichen und Schullehrern vom Konsistorium vorgeschrieben, gegen Tierquälerei durch Unterricht und Predigt zu wirken, und bei den Visitationen soll auch danach gefragt werden, ob etwas geschehe. Aber was geschieht denn? Was könnte z. B. ein Prediger tun! Es gibt eine Beredsamkeit, es gibt eine Kraft des Wortes, die rohen Herzen in der Tiefe zu packen, selbst die verwilderte Seele zu winden und zu schütteln; wo hört man von solchen Feuerworten, von solchen Gewittern, die den rauen, steinigen Boden unserer Bauern- und Fuhrmannsseelen durchweichen müssten? Wie viele Stunden ersparen sich denn unsere Schulmeister, die Kinderseele anzuleiten, dass sie menschlich sich in den Zustand des gequälten Tieres versetze? Und es wäre so lohnend! Sie ist ja empfänglich, diese Seele, es fehlt ihr ja nur an der erziehenden Hand, an der aufschließenden Vernunft. (…)

Es ist genug. Ich habe nichts mehr zu sagen. Man wird diesen Artikel verspotten; »Eselspredigt«, »Schwabenartikel« höre ich im Geiste von höhnischen Lippen. Man wird mich der Weichmütigkeit zeihen, wird überflüssig einwenden: wir haben doch ein Recht, Tiere zu schlachten, sie mitunter durch Strenge zu ziehen: man wird etwa mutmaßen, ich hätschle zu Haus einen verwöhnten Mops. Mir gleich! Man wird auf die Schwierigkeiten in der Gesetzgebung und ihrer Ausübung hinweisen, als ob ich sie nicht kennte und als ob ich nicht die Antwort hätte, dass es trotz denselben gehen muss, wenn man nur recht will. Mir alles gleich! Wenn nur ein paar Samenkörner auf guten Boden fallen, wenn nur in das Land, worin ein so hochbegabtes und liebenswürdiges Volk lebt, einige Lichter hinüberfließen und entfernt mitwirken, dass ein so schwarzer Flecken in seinem Charakter sich mindere und helle! Wenn ich erlebte, dass meine Worte in Italien Anklang und Nachhall finden, wenn ich mir sagen dürfte: ein winziges Scherflein wenigstens habe ich dazu beigetragen, dass es allmählich besser wird, so wäre der Spott der Spötter nur die Würze für meine Freude. Und weckt mein Versuch im eigenen Vaterland etwa da und dort ein Gemüt aus der Schlaffheit des bloßen Urteils zum Entschlusse des Wirkens – umso besser! Die beliebte Losung: »es lässt sich nichts machen«, ist leider selbst die Ursache ihrer Wahrheit. Es lässt sich nichts machen, weil wir die Hände in den Schoß legen. Wäre unsere Verurteilung mehr als weiches Gefühl, das sich schämt, in Wirkung überzugehen, so müsste das gemeinsame Fühlen aller gebildeten Menschenherzen, in Denken und Wollen verwandelt, zu einem Strom anschwellen, der das wüste Übel nicht länger als breiten Schandfleck der Menschheit auf Gottes schöner Erde wuchern ließe.

Ein italienisches Bad.
(Kritische Gänge VI, 296–325; 1875)

Religion

Ich sehe in jedem unserer Glaubenssätze eine Mischung geahnter allgemeiner Wahrheiten mit Mythus, in jedem Heilsmittel der Kirche eine Trübung der reinen Religion durch (vorgebliche) Magie und in jedem Machtbesitz derselben eine Waffe mehr gegen den Staat, welcher mit der Religion in einem bleibenden Frieden nach meiner Überzeugung überhaupt solange nicht stehen kann, als es eine Kirche gibt. Kirchen, sollte ich vielmehr sagen, und Religionsgesellschaften; die Versetzung mit Mythus und Magie ist ja auch die Ursache, dass sich die Religion, die nur eine ist, in Religionen und Konfessionen mit ihrer Organisation gespalten hat. Der Staat als Einheit steht nun infolge dieser Spaltung dem Faktor, der doch sein eigenes, einzig wahres Fundament ist, der Religion als einer Mehrheit von Religionsgesellschaften äußerlich gegenüber, erscheint in dieser Stellung als ein unheiliges weltliches Institut und in diesem Scheine liegt der nie versiegende Anreiz für die Kirche, ihn unter sich zu beugen, zu unterwühlen, zu beherrschen.

Strauß ist nach meiner Ansicht in gewissem Sinne nicht weit genug gegangen. Der geniale Entdecker der

Wahrheit, dass der Mythusbegriff auch auf die christliche Religion anzuwenden ist, der Auffinder dieses großen Expediens, wodurch wir die Illusionen unserer Religion als Illusionen ohne Frivolität und ohne die Abgeschmacktheit der natürlichen Erklärungen des Rationalismus zu erkennen vermögen, sucht die Quelle dieser Phantasiebildungen meist in der jüdischen Religion. Der Wissenschaft bleibt noch die umfassende Aufgabe, zu untersuchen, wie viel Polytheismus, wie viel reines Heidentum noch in unseren Religionsvorstellungen erhalten ist. Ansätze zu dieser Arbeit sind weit herum in der Literatur der Kulturgeschichte, Mythologie, Reisebeschreibung zerstreut; gesammelt und methodisch zusammengestellt sind die Bausteine noch nirgends. Wir haben nicht nur durch die Vermittelung der Juden den persischen Ahriman als Teufel überkommen; es wäre namentlich Zeit, einmal gründlich zu untersuchen, welche Mythen von leidenden und sich verjüngenden Göttern und zum Olymp sich erhebenden Göttersöhnen in der kirchlichen Lehre von der Person unseres Religionsstifters sich vererbt haben, wie viel Osiris, Mithras, Adonis, Herakles noch in unserem Kultus fortlebt. Gott selbst ist Maskulinum; der Einwand gegen den Vorwurf des Anthropomorphismus, es sei hier ein Mann und doch auch kein Mann gemeint, hält nicht vor, die Phantasie ist hierin logisch konsequenter und fordert auch eine weibliche Gottheit; die Maria wird bekanntlich in Liedern und Hymnen wie eine Allherrscherin der gesamten Natur gefeiert; diese Vergötterung eines menschlichen Weibes ist sicherlich nicht ohne Einfluss der allen Naturreligionen gemeinsamen Vorstellung von weiblichen Urgottheiten vor sich gegangen, und am meisten muss dabei der zur Kaiserzeit in Italien so ungemein verbreitete und blühende Isisdienst mitgewirkt haben. Es wäre ja auch ein Wunder, wenn mit der Verkündigung des Christentums an die Heiden ihr polytheistischer Bilderkreis und der Zug, woraus er entstanden war: das Bedürfnis, das Allgemeine zu personifizieren, nur so plötzlich aus ihren Köpfen verschwunden wäre, wenn ihre Phantasie nicht vielmehr an den neuen Glauben alsbald ihre Fäden angesponnen und ihn nach und nach umwickelt hätte. Freilich wären alle diese Untersuchungen für den, der sich den Entstehungsprozess der positiven Religion psychologisch klargemacht hat, nur von historischem Interesse, sie hätten nur die Bedeutung eines merkwürdigen geschichtlichen Beleges für den von selbst einleuchtenden Satz, dass das religiöse Gefühl der Mehrheit Stab und Stütze der Phantasie nicht entbehren kann. (...)

Wann werden endlich die Menschen sich klarmachen lassen, was *Glauben* heißt im wahren Sinn des Wortes! Im gemeinen Sinne freilich bedeutet es: Glauben an einzelne Existenzen und Tatsachen, also z.B. glauben, dass menschenähnliche und doch übersinnliche Wesen in einem Raum wohnen, der auch kein Raum ist: glauben, dass in gewissen Zeiten das Naturgesetz von diesen Wesen durchbrochen worden sei; glauben, dass einmal ein Mensch lebte, der zugleich kein Mensch, sondern Gott war, dass er vom Tod erstanden sei usw. Wie oft soll man nun noch zeigen, was Lessing so hell, so schön gezeigt hat: Dass dies alles nicht Glauben ist im wahren, reineren Sinne des Wortes! Da man ja all das »glauben« und dabei durch und durch unreligiös sein kann, mitleidslos, lieblos, undankbar, pietätlos, roh, grausam, wie soll denn darin die Religion bestehen? Glaube, wahrer Glaube ist eine gewisse Zuversicht »des, das man nicht siehet«, Glaube im ersteren Sinn aber enthält lauter solches, was gesehen worden sein soll, vielleicht wieder gesehen werden kann, was man zu sehen wünscht, er macht die Wahrheit, die immer und nie, überall und nirgends ist, zu einem Gegenstande möglicher einzelner Erfahrung, versinnlicht sie und ist also selbst sinnlich. Die Sinnlichkeit aber, die sich in solchem Glauben aufpflanzt und sich dann an ihm nährt, schwächt dem Geiste die Kraft des wahren Glaubens, welcher das eine festhält, das nur in allem Sichtbaren sichtbar und an sich rein unsichtbar ist. Glauben, trotz allem Scheine des Gegenteils festhalten am Glauben, dass das Wahre und Gute in den Kämpfen der Geschichte die siegreiche Macht ist, und glauben, dass dies und jenes Wunderbare einmal geschehen sei, wieder geschehen könne, ist so zweierlei, dass ein Zusammenhang zwischen dem einen und dem anderen überhaupt gar nicht besteht. Es braucht keine Götter, keine Halbgötter, keine Wunder- und keine Priesterhilfe, um sich dem geistdurchdrungenen, von majestätischen Gesetzen beherrschten unendlichen Weltganzen gegenüber als ein verschwindend Kleines zu fühlen, das ein Nichts ist, solange es nicht als tätiges Glied diesem Ganzen dient. Das aber ist Religion. Religion ist das Tauwetter des Egoismus. Religiös ist die Seele in jedem Momente, wo sie von dem tragischen Gefühle der Endlichkeit alles Einzelnen durchschüttert, durchweicht, im Mittelpunkte des starren, stolzen Ich gebrochen wird und aus der Welt von Trauer, die in diesem Gefühle liegt, durch den einen Trost sich rettet: Sei gut! Lebe nicht dir, sondern dem herrlichen Ganzen! Diene ihm! Fördere! Wirke treu und wäre es im kleinsten Kreise! Wird dieser Gedanke zum herrschenden in einer Seele, so wird aus den religiösen Momenten ein religiöses Leben, und dies ist ein Leben zeitlos in der Zeit, ewig in der Endlichkeit. Der chronisch Irreligiöse ist der Genussmensch. Und wie viele Tausende schleppen ihr Leben wertlos für andere, Wichte, die nur sich selbst dienen, bis an ein schnell vergessenes Grab, und glauben die ganze lange Zeit dieses leeren Daseins hindurch dick und fest an alles, was geschrieben steht, jeden Buchstaben und jeden übersinnlichen Leib, womit der Buchstabe die ewige Wahrheit bekleidet, verdichtet und verdunkelt!

»Die Religion zu Moral verdünnen« ist der alte, immer neue Vorwurf gegen die Aufklärung und ihren edelsten Vertreter, gegen Lessing. Religion ist freilich nicht Moral. Aber wir können dem Menschen nicht ins Herz sehen, wir können ihn nur an seinen Werken prüfen, nur sie legen das Zeugnis ab, ob im Innern die Religion oder die Selbstliebe wohnt. Daher bleibt die Fabel von den drei Ringen ewig wahr. Die Moral sagt: du sollst! Die Religion: und ich allein gebe dir die Kraft, zu können, was du sollst, denn ich allein breche die Selbstsucht! Sie setzt hinzu: und ich tröste dich, wenn du redlich gewollt hast und dennoch schuldig geworden bist. Die Moral ist Vorschrift, die Religion die Quelle ihrer Erfüllung und der Balsam, der die Schmerzen über die Lücken dieser Erfüllung lindert und heilt. Und auch zu diesem Trostamte bedarf die Religion schlechterdings keines Mythus, keiner Magie. (…)

Der alte und neue Glaube.
Ein Bekenntnis von D. Fr. Strauß.
(Kritische Gänge I, 280–295; 1873)

Ich habe den Pietismus eine Krätze, eine Eiterung der besten Säfte des Geistes genannt, und bin darüber mit jener Wut verfolgt worden, welche ich kenne, aber nicht fürchte. Ich bedaure, auch jetzt mit keinem besseren Namen dienen zu können. Der jetzige Pietismus unterscheidet sich zwar bekanntlich von dem ursprünglichen Spenerschen durch sein ganz verändertes Verhältnis zur Zeitbildung, insbesondere zur Wissenschaft. Dieser stand in Opposition gegen eine völlig verknöcherte Wissenschaft, gegen den Buchstabendienst der damaligen Theologie, und wollte die Religion zu neuem innerem Leben erheben, er war jugendlich und stemmte sich gegen das Greisenhafte der Zeit; der jetzige sträubt sich gegen eine jugendliche Wissenschaft, welche dem Buchstabendienste ernstlich ein Ende macht, gegen die ganze Zeitbildung, welche den inneren Kern der Religion aus seiner Fixierung zu befreien, als sittlichen Geist in die Wirklichkeit einzuführen strebt, und wütet für das Greisenhafte gegen die Jugend des Jahrhunderts. Darum sind ihm alle diejenigen, welche die wesentlichen Bewegungen der Zeit nicht begreifen können, zugefallen, sie sind Spießgesellen des Pietismus geworden, die Gedankenträgheit, der Verstandesfanatismus, der Hass gegen den Genius hat sie als willkommene Bundesgenossen seines schwülen Grimmes ihm in sein Lager geführt. Der unschädlichen alten Pietisten, der Stillen im Lande, die ich von den giftigen sehr wohl zu unterscheiden weiß, sind wenige mehr, sie sind verhetzt von den gelehrten Pietisten und teilen ihren durchaus negativen Geist. So unterschieden übrigens diese zwei geschichtlichen Formen des Pietismus sind, sie sind doch in einer Wiege gelegen. Die ältere Art des Pietismus konnte nur die Opposition gegen die Bildung, welche dieser Form des Bewusstseins wesentlich innewohnt, noch nicht hervorkehren. Ihre Bedeutung lag in dem Gegensatze gegen die Theologie und Kirche, welche in rohe Geistlosigkeit versunken waren, und in solchen Zeiten muss sich die geistige Lebendigkeit in die verschlossene Innigkeit der Religion zurückziehen. Es liegt aber auch in dieser Form der Religiosität schon der Keim der Negation. Sie ist nicht unbefangene, nicht Volksreligion, sie ist durch Opposition und Spannung entstanden: die Bildung tritt ein und es kommt an Tag, was sie eigentlich ist. (...)

Das Wahnsinnige im Pietismus ist die Besonderheit seines Interesses für die Religion und die Ausdrücklichkeit der Beziehung, die er zur Bedingung der Religiosität macht. Der Pietist ist Religiöser von Metier, der Pietist ist der Professionist der Religion, Pietist ist, wer nach Religion riecht. Der Pietist behauptet, wie der wahrhaft Religiöse oder richtiger wie der wahrhaft Gute, dass alle weltlichen Kräfte verklärt werden sollen, indem sie sich mit dem Geiste der Unendlichkeit durchdringen; aber er hebt in demselben Atemzuge die Durchdringung und alle Möglichkeit derselben vielmehr auf, indem er jene als undurchdringlich setzt.

Denn sein Gott ist so materiell vorgestellt, dass er sich mit den weltlichen Existenzen im Raume stößt und nicht beide, Welt und Gott, mit- und ineinander bestehen können. Daher kennt er an der Stelle der wahren Durchdringung nur ein Nebeneinander der ausdrücklichen Beziehung einer weltlichen Tätigkeit und einer Zurückführung derselben auf Gott, und hiedurch entsteht der Aberwitz eines völligen Widerspruchs, welcher einerseits fordert, dass das Weltliche nicht sowohl in das Göttliche aufgenommen, als vielmehr von demselben ganz verzehrt werden müsse, andererseits aber trotz dieser Meinung das Weltliche noch festhält und den heimlichen Stachel der Begierde danach bewahrt. Du sagst zu einem Pietisten: es regnet, ich will einen Schirm nehmen, und er antwortet: gut, aber der wahre Schirm ist Gott. Du sagst: ich trage gern einen Stock, und er versetzt: gut, aber der Herr allein ist der wahre Stecken und Stab. Du sagst: dies Licht brennt hell oder dunkel, und er bemerkt: gut, aber die Religion ist das wahre Licht usw. Gott, Christus, der heilige Geist usw. muss immer *genannt* werden, wenn etwas im Geiste der Religion geschehen soll; die geistige Weihe jedes Tuns muss sich als Gebet *neben* dasselbe stellen. Mit einem Pietisten ist daher schlechterdings nicht fortzukommen, zu sprechen, zu leben, er nimmt nichts, wie es ist, er sieht alles gebrochen wie im Wasser, ist absolut geschmacklos, aberwitzig, pervers, er ist wahnsinnig.

Eine Durchdringung der weltlichen Kräfte durch den

ewigen Geist fordert also der Pietist und meint vielmehr eine Aufhebung, daher seine Verdammung der sinnlichen Kräfte, in welchen er das Material der sittlichen erkennen sollte, aber nicht erkennt. Die Veredlung der sinnlichen Kräfte zu sittlichen wird in verschiedenen Formen vollzogen. Noch ehe die eigentlich sittliche Bildung beginnt, ergreift die schöne Kunst und das Gefühl der Schönheit überhaupt den sinnlichen Menschen auf seinem eigenen Boden, befreit die Sinnlichkeit im Elemente der Sinnlichkeit durch den Adel der Form von ihrer Naturrohheit, das Gute naht sich dem Menschen in der heiteren Form des Schönen. Auch wo die sittliche Bildung längst ins Werk gesetzt ist, bleibt die Grazie ihre anmutige Begleiterin. Es ist bekanntlich der edle Schiller, der diese Wahrheit mit hundert beredten Wendungen, am erschöpfendsten in seinem Aufsatz über die ästhetische Erziehung des Menschen ausgesprochen hat. Diese ganze Welt, die Welt der Schönheit, der Humanität verschließt sich der Pietist, indem er eine Möglichkeit künstlerischer Veredlung der Sinnlichkeit, nachdem er sie in ihrer Wurzel für bös erklärt hat, natürlich leugnen muss. Aber dies ist nicht richtig gesagt, er verschließt sich ihr nicht, er schielt auf sie hinüber und wirft das Bild seiner eigenen, durch Entgegensetzung gereizten, verdorbenen Phantasie hinter jeden unschuldigen Genuss, Tanz, weltliche Musik, Schauspiel usw. Denn verdorben ist und muss sein seine Phantasie. Die Sinnlichkeit hat ihr Recht; wird es ihr weggestritten, so tritt sie wie eine Krankheit auf die edleren Teile zurück und es entsteht die Phantasie-Sinnlichkeit, die heimliche Sinnlichkeit, die Sinnlichkeit mit bösem Gewissen, die unschöne, die versessene, zurückgeschluckte Sinnlichkeit. Die Sünden der verheimlichten inneren Sinnlichkeit sind überhaupt eines der größten Übel, welche die christliche Bildung als Kehrseite ihrer tieferen Geistigkeit mit sich brachte; im Pietismus muss natürlich dies alles verstärkt zum Ausbruch kommen. Die Muckerei und was ihr verwandt, ist keine zufällige, sondern eine wesentliche Geburt des Pietismus. Wenn die unschöne, heimlich durch den Reiz einer beständigen Polemik entzündete Sinnlichkeit des Pietisten zum Ausbruch kommt, so ist dies ein bezeichnender Zug, der zu seinem Charakter als Pietist gehört. Überhaupt hat ein Pietist als Pietist keine der Entschuldigungen für sich, auf welche die gewöhnliche menschliche Schwachheit Anspruch machen darf; denn er selbst verzeiht keinen Fehler, sucht sie auf, erfindet und lügt, wo er keine erlauern kann, ist sicher im Hochmute seines Monopols; und wo er sündigt, rächt sich an ihm die verleumdete, verfolgte, verfluchte, misshandelte Natur, und die begangene Sünde beschönigt er mit seiner Heuchelei. Ein Pietist muss ein Heuchler sein, denn die beständige ausdrückliche Beziehung jeder Stimmung und Tätigkeit auf das getrennt vorgestellte Göttliche, der beständige heilige Zorn gegen die Natur im Menschen *kann* der Seele nicht ernst sein; sie ist zu gesund, sie arbeitet, in der Erkrankung noch stark, unter der Decke des heiligen Mantels fort, und das Umschlagen dieses Mantels wird zum Mechanismus, zur Gewohnheit des Scheins, zur Heuchelei. Wer alles und jedes mit Salbung tun zu müssen meint, der muss ja ein Heuchler werden.

(…) Wer fleißig ist, ist noch kein rechter Pietist. Der rechte Pietist tut nichts, wo es nichts zu salben, zu bekehren, zu verdammen gibt. Was er aber tut, dem nimmt er jede Schönheit durch die Art, wie er es tut. Er ist z.B. wohltätig, er schenkt, aber dabei müssen ihm die Beschenkten so viel beten, dass ihnen die Freude vergeht; er betreibt die Mission, aber es ist dabei nicht sowohl auf Bekehrung der Heiden, als vielmehr auf eine Demonstration gegen die Ketzer im Christenlande, auf fanatische, hochmütig bescheidene Missionspredigten abgesehen. (…)

Wodurch dieses unheimliche Bild sich erweitert, dies ist der tiefe Hass und Grimm, die Lebensluft des Pietisten. Das Streben des Pietisten nach Seligkeit ist innere Hölle. Gegen den Unbezwinglichen, gegen den Siegreichen, gegen den wolkenlos Heitern, gegen den fortschreitenden Lichtgeist unmächtig verzweifelnd zu kämpfen ist sein Pathos; das Gefühl der Unmöglichkeit, ihn zu bezwingen, und die Wut, mit ihm dennoch zu ringen, dieses Wollen und Nichtkönnen, dieser Wahnsinn, die Geschichte zu negieren, dies ist das verbissene Zähnefletschen des Pietismus. Die Welt soll nicht tanzen, nicht singen, nicht ins Theater gehen, nicht denken, nicht ohne Gebet arbeiten; sie soll es nicht, und soll es nicht und soll es wieder nicht; aber die Welt tanzt, singt, geht ins Theater, denkt, arbeitet – und wenn du berstest, sie tut es. Wer sich ein rechtes Bild von den verdammten bösen Geistern machen will nach der kirchlichen Vorstellung, von ihrem Grimm, ihrer Wut im Gefühle ihrer Unmacht und Verdammnis, der muss einen Pietisten ansehen. Wir kämpfen auch, wir ringen auch, wir leiden, wir leiden Verleumdung, Verrat, Verfolgung, Zurücksetzung, Bosheit aller Art, aber wir sind hell und heiter und ziehen nach jedem Kampfe weiter und pfeifen unser Lied so unbekümmert, wie einer, der sich des ewigen Sieges seiner guten Sache bewusst ist. (...)

Dr. Strauß und die Württemberger. Zusatz.
(Kritische Gänge I, 93–106; 1844)

In der Kirche ist die lebendige Wahrheit zum Dogma erstarrt, die lebendige Gemeinschaft der Gläubigen ist zum Beamtenstaat geworden, der mit diesen Dogmen den Zwang verknüpft. Und dieser Beamtenstaat sucht und hat Besitz und Macht und will herrschen mit dem Staat auf einem und demselben Boden. Wir haben einen Körper im Körper; der Staat begreift viele Körper in sich, die relativ selbständig sind, ohne dadurch seine Einheit aufzugeben. Aber dieser Körper will absolut sein, und dadurch haben wir eine Spannung zwischen zwei Körpern, die in widerspruchsvoller Verbindung sich miteinander verwickeln. Zwischen der zur Kirche verhärteten Religion und zwischen dem Staate gibt es so wenig irgendein gesundes Verhältnis, als zwei Füße in *einem* Schuh stecken können. Gehen Sie die ganze Geschichte durch, von allen Verhältnissen, die dagewesen, hat keins getaugt; jedes war nur eine Quelle fortgesetzter, unendlicher Störungen und Reibungen. Darf ich, da auch andere unsere deutschen Dichter angeführt haben, das Wort eines Dichters anführen, so sage ich: Von Staat und Kirche gilt, was der Dichter von zwei Personen sagt: »Zwei Männer sind's, die darum Feinde sind, weil die Natur nicht *einen* Mann aus ihnen beiden machte.« Eins mit dem Staate kann die Religion als ein flüssiges geistiges Leben sein, aber nicht die Religion, die zum Körper sich vergröbert hat. Was wir in der Debatte über die Kirche beschlossen haben, ist nach meiner Überzeugung ein Zwischenzustand, ein Durchhauen des Knotens, ein Zustand, der unmittelbar so, wie wir wollen, nicht ausgeführt werden kann, der zugleich radikal und zugleich eine Halbheit ist, ein Zustand jedoch, den wir trotzdem mit Bewusstsein herbeiführen müssen. Ich hoffe, dass der Zwischenzustand, den unser Beschluss begründen wird, zum rechten Ziele führen wird. Mein Bild von der Zukunft ist dieses: Die Kirche wird in der Freiheit vom Staate, die sie verlangt hat, etwas anderes erleben, als sie meinte, eine Gärung, eine demokratische Gärung wird in sie eindringen, und an einem schönen Morgen wird man die Kirche suchen und die Religion finden: die reine, menschliche, sittliche Religion, die politische, die mit dem Staate eins sein muss, und eins sein kann ohne Gefahr, weil sie keinen Dogmenzwang mehr kennt. Ein einfacher, notwendiger Zweig dieser mit dem Staate einigen geistigen Religion ist die Schule. Die Kirche ist die Mutter der Schule, ich will das gelten lassen. Zwar ist dagegen ein Wesentliches erst einzuwenden: Die Schule ist nicht schlechthin die Tochter der Kirche; was wir Schule nennen, die freie, menschlich-sittliche Bildung zum Staatsbürger und die Anstalten dazu, diese haben sich erst entwickelt und herausgebildet seit der Erweckung des Altertums, seit der Auferstehung der humanistischen Studien, und sie beruht auf Vereinigung und Versöhnung des christlichen Prinzips und des antiken Prinzips, welches einfache, objektiv rein menschliche Tugenden kannte und den Menschen in die helle Gegenwart des Lebens stellte.

Doch rechten wir darum nicht: es sei so, die Kirche sei die Mutter der Schule. Aber wie es mancher Mutter geht, da die Tochter heranwächst und mündig wird, so wird sie eifersüchtig auf die eigene Tochter und möchte sie wohl ins Kloster sperren; allein die Tochter fliegt aus, sie vereinigt sich mit dem Manne, mit dem Staate, und ihre Kinder sind ein künftiges, freies, mündiges, denkendes Geschlecht von Menschen. (Vielseitiges Bravo.) Nun will sich die Mutter in diese Ehe einmischen, aber der Staat ist zu klug, um nicht die Erfahrung zu haben, dass eine Schwiegermutter im Hause junger Eheleute nicht gut tut; er wird sie daher auf wiederholte Besuche im neuen Hause beschränken. Meine Herren! Die Schule ist die Tochter der Kirche, – aber es ist wahr, und ich muss aus meinem Bilde Ernst machen: Die Mutter hat die eigene Tochter zurückhalten wollen in dem Zustande der Kindheit, und da sie es nicht konnte, hat sie, solange es eine Geschichte der Kirche und Schule gibt, sie tyrannisiert. Sie hat sie zurückgehalten, und das war natürlich; denn die Kirche ist der Hort der einfachen uranfänglichen Ahnungen der Menschheit. Die Schule aber entfaltet diesen einfachen, allzu einfachen Kern, sie führt ihn als bewusste Wahrheit durch die vielfachen Kräfte der menschlichen Persönlichkeit ganz hindurch, und so stellt sie diese Persönlichkeit auf die eigenen Füße der Vernunft und der Freiheit. Diese Entwicklung ist eigentlich nichts anderes als eine Entwicklung dessen, was als Keim in der Kirche liegt; aber diese duldet nicht, dass ihr eigener Keim sich entfalte, sie misshandelt im Kinde sich selbst. Meine Herren! Ich frage Sie: in welchem Zustande haben wir denn das Volk und namentlich die Schichten des Landvolkes gefunden, als das Vaterland in Europa aufstand? Wie haben wir es gefunden, insbesondere bei den Wahlen zur Nationalversammlung? Ich will nicht sagen, dass dieser Zustand des Volkes allein auf die Rechnung der Kirche zu schreiben sei, – viele andere Ursachen haben da mitgewirkt. Aber wäre die Schule nicht zurückgehalten von der Kirche, hätte sie sich freier entwickeln können, so wäre es nicht möglich gewesen, dem Volke weiszumachen, dass wir zu einer Kirchensynode hiehergekommen, dass man die Bibel abschaffen wolle (Hört, hört), und es wäre auch jetzt nicht möglich, durch unzählige Agitationen das Volk zu der wahnsinnigen Besorgnis aufzustacheln, dass es seine Bibeln in die Erde vergräbt (Hört, hört). Wäre dies möglich gewesen, wenn nicht das Volk in den allereinfachsten, dunkelsten Anfängen des geistigen Lebens zurückgehalten wäre? Schade, sage ich, schade um dies Volk, schade um das gute und brave Volk, und schade um die Furchen, die der Pflug der Freiheit in unsere Erde gezogen hat, dass dieser Samen in diese Furchen geworfen wird! (Sehr gut. Bravo, auf der Linken.) Nicht nur zurückgehalten in der Kindheit aber, sondern auch tyrannisiert hat die Kirche ihr eigenes Kind. Ich will nicht reden von der Geschichte der Scheiterhaufen, der Folter und Kerker, der Amtsentsetzungen usw. Dies Gemälde will ich nicht weiter aufrollen, wir kennen es ja nur allzu gut. Ich habe gesagt, dass, wäre die Religion nicht zum Mechanismus und Beamtenstaate der Kirche vergröbert, die Schule nichts anderes wäre als ein Zweig der religiösen Tätigkeit. Nun aber ist die Religion zur Kirche erstarrt, und da bleibt nichts anderes übrig: wir müssen trennen, die Schule muss frei von der Kirche sein. Wir müssen trennen, was nicht zusammengehört, und wir können nicht im Zweifel sein, dass wir dann die Schule dem Staate zuführen müssen. (...) Es kommt darauf an, dass wir vor allem die Lehrer frei machen; wir müssen ihnen Würde und Ehre geben und diejenige äußere Stellung, die ihnen gebührt. Schon hier in den Grundrechten müssen wir das Fundament dazu legen. Sehen Sie den armen Volksschullehrer an, der sich die ganze Woche lang im Qualm der Schule plagt und abmüht, des Sonntags noch den Bedienten des Pfarrers macht, um bei einem Gehalte von häufig nur 200 Gulden sich mit seinen bleichen Kindern an eine Hungerschüssel zu setzen, während so manchem reichen Kirchenfürsten Milch und Honig des Landes aus hundert Röhren in die Lippen strömt. (Bravo auf der Linken und der Galerie.) Wir werden aber auch der Schüler gedenken, wir werden eine freiere menschliche Bildung und Entwicklung durch die Volksschulen zu bewirken nicht nur den Impuls, sondern auch einen organischen Entwurf geben müssen. Wir werden dafür sorgen, dass nicht, wie bisher, der Schüler wohl die Ortsnamen von Palästina wisse und eine mechanisch gelernte, große Quantität von Bibelsprüchen, sondern, dass er die Geschichte seines eigenen Vaterlandes und seiner Helden, dass er die Rechte und die Freiheiten und den Beruf und die Pflichten des Menschen und Bürgers kennen lerne und auch die Natur um ihn her und ihre Gesetze und die Herrlichkeit ihrer organischen Werke begreife und verstehe und nicht mehr im ägyptischen Dunkel wandle, wo er dem Ungeheuer des Fanatismus zur Beute wird, der jeden gräulichen Wahn in ihn schleudern kann. (Beifall auf der Linken und der Galerie.) (...)

Anträge und Reden im Frankfurter Parlament.
Kirche und Schule. Stenographischer Bericht.
(Kritische Gänge III, 7–15; 1848)

Die Reformation vertauschte eigentlich nur eine Autorität mit der andern: die Tradition mit der Bibel. Nur dies war ihr bewusst. Aber darin lag noch etwas anderes, dessen sie sich nicht bewusst war: wenn ich verlange, das Objekt meines Autoritätsglaubens mit einem andern vertauschen zu dürfen, so verlange ich freie Wahl, also Freiheit. So war die Reformation doch ein Kampf um die Freiheit. Übrigens, obwohl die Bibel nun blindlings als absolute Autorität galt, schöpfte die Reformation aus ihr doch auch materiell Befreiung von vielem Wahn und Missbrauch.

Die Reformation als Kirche mit ihren Dogmen, als Konfession ist unter sich gesunken. Ihrem geistigen Kerne nach verdanken wir ihr die Bildung, die *über* die Konfession sich stellt. Logische Schwierigkeit: Ich bin kein Protestant, wenn es sich um Kirchendogma handelt, eifrig Protestant, weil ich dem Protestantismus diesen freien Standpunkt verdanke. Der Protestantismus als Kirche ist intolerant wie der Katholizismus. Der Protestantismus als Geist ist Toleranz (nur nicht gegen Intoleranz.)

*

Der erste Mathematiker, Professor *ordinarius* der Mathematik, Direktor des großen Polytechnikums, Welt genannt, ist der liebe Gott. Er hat diese Welt ganz auf Mathematik gebaut.

*

Der du doch immer gleich mit Gott kommst und uns schmähst, dass wir zweifeln, ob die Einheit aller Dinge Person sei, – hast du ihn gesehen? Du tust, als hättest mit ihm zu Mittag gegessen. Du bist unverschämt – wohlweis und unverschämt. – Synthetisches Urteil *a priori*.

*

Es ist wahr, dass die zerstörenden Parteien unsere Kritik der Religion missbrauchen; die Sozialdemokraten können sich auf uns berufen. Allein, das kann und darf uns nicht abhalten. Die Menschheit vom Phantasiewahn befreien: eine Glut heiliger Art ist es, die dazu treibt. Nie hat die Gewissheit drohenden Missbrauchs die Verkündiger der Wahrheit gehemmt. *Keine* Wahrheit wurde kundgetan, wenn diese Rücksicht abhielte, abhalten dürfte.

Die rohen Religionsfeinde reißen unsre Sätze aus

ihrem Zusammenhang, das ist noch jeder Wahrheit widerfahren.

Aphorismen.
(Kritische Gänge IV, 535–543)

Politik

Meine Herren, ich wende meinen Blick nach dem Volke. Eine trübe düstere Wolke liegt jetzt auf dem deutschen Volke; ein wohlbegründeter Unmut, ein edler Zorn, eine berechtigte Leidenschaft mischt sich mit einer hässlichen Leidenschaft, mit einer wüsten Gier, mit Wut und Wahnsinn, und der Wahnsinn ist ausgebrochen in einer Tat, für die wir auf dieser Seite des Hauses ebenso tiefe sittliche Entrüstung fühlen als die andere Seite und gegen die ich gern – das können Sie mir glauben – mein Herzblut gegeben haben würde, wenn ich dadurch die Männer hätte retten können, deren Prinzipien ich nicht liebte, wenn ich diesen Schandfleck von der deutschen Revolution wischen könnte. Mit jenem Wahnsinn mischt sich auch der Wahnsinn des Kommunismus. Wie sollen wir diese Zustände heilen? Ich frage: chirurgisch oder medizinisch? Die Chirurgie, meine Herren, ist jetzt sehr tätig mit Instrumenten aller Art, mit Bajonetten, Säbeln, Flinten, Sechspfündern und Zwölfpfündern. In Gottes Namen, ich habe nichts dagegen. Denn wenn die Krankheit so herausgebrochen ist, auf die Oberfläche, so muss man auch schneiden;

aber Sie werden mir auch zugeben, dass die Chirurgie nicht das Einzige ist, dass wir innerlich heilen müssen, und dann fragt's sich weiter: allopathisch oder homöopathisch? Ich bin kein Freund der Homöopathie, aber hier, meine Herren, wie soll man anders verfahren als homöopathisch? Wir sollen die falsche Demokratie durch die wahre, die blinde durch die klare, die unvernünftige durch die vernünftige heilen: Wenn Sie dem Kommunismus nicht den Mund stopfen, indem Sie ihm Recht geben da, wo er Recht hat, wo bei vielem Wahnsinn ein Körnchen Wahrheit in ihm ist, so wächst er Ihnen über den Kopf. Recht aber hat er angesichts des schreienden Missverhältnisses zwischen Arbeit und Genuss, das in den Zivillisten und Apanagen vorliegt, eines Missverhältnisses, das nicht wie bei dem Privateigentum ein einfach gegebener Zustand ist, sondern ein täglich sich erneuerndes, durch Verträge sanktioniertes Unrecht, zu dessen Fortdauer die Hungernden selbst vom Schweiß ihres Angesichts beizusteuern haben. Greifen Sie da ein, wo Sie können, wo das Missverhältnis ein vom menschlichen Willen abhängiges ist, so tragen Sie dazu bei, wahnsinnige Forderungen stumm zu machen. (…)

Zu Schoders Antrag auf Ermäßigung der Zivillisten. Stenographischer Bericht. (Kritische Gänge III, 16–18; 1848)

Versprechen und nicht halten, Verfassungen oktroyieren, zurücknehmen, umoktroyieren, beschwören, dass man sie in Hoffnung, sie nicht halten zu müssen, halten wolle, bei aller Ehre beteuern, einem Entschluss treu zu bleiben und ihn sofort aufgeben, ein ganzes Volk in die Waffen rufen, um es heimzuschicken, sich zu ergeben und dann dieselben Soldaten gegen denselben Teil des Vaterlandes schicken, für den sie kurz vorher gefochten: diese und die Menge ähnlicher Erscheinungen müssen im Volke alles Vertrauen, dass in der Menschheit noch etwas fest und zuverlässig sei, vernichten. Man hat nicht recht, von Entsittlichung des Volkes zu sprechen, wo man dies Bild der *absoluten Frivolität* von oben gibt. Die Früchte werden aufgehen.

*

Ein Volk ist verantwortlich für seine Schmach, d. h. es nützt nichts, zu sagen, man müsse das Volk von den Regierungen unterscheiden, denn das Ausland sagt mit Recht: taugtest du, Volk, etwas, so müssten auch Männer aus deinem Schoß erstehen, welche dir Achtung verschaffen. Wenn nun ein Volk nicht auf dem Wege der natürlichen Zeugung sich die Männer schaffen kann, die ihm zur Macht und Ehre verhelfen, so muss es als ganzes Volk einstehen und für den fehlenden Mann, den es nicht zeugen konnte, eintreten. Solang weder jenes noch dieses geschieht, verachtet man es mit Recht selbst in China.

*

Kein Freund des Volkes kann eine Revolution wünschen, aber man kann die Besten dahin bringen, dass sie einer solchen, wenn sie ausbricht, nicht mehr in die Zügel zu fallen Lust haben. Sie wird verkehrte Wege gehen, aber aus dem Chaos kann sich etwas bilden, kann eine Einheit schaffende Kraft erstehen.

Unpraktische Aphorismen.
(Kritische Gänge III, 98–105; 1851)

Eine unserer Parteien hat das Volk durch die Schlagwörter von 1848 betäubt. Damals war kein kleiner Teil von Deutschland wirklich schlecht regiert, und es war natürlich, dass sich die Vorstellung erzeugte, ein Charakter sei nur, wer opponiere. Klare Bürgerrechte waren erst zu erstürmen, falsche Vorrechte niederzureißen. Die ganze Bewegung war aus einer Revolution hervorgegangen. In Revolutionstagen bemächtigt sich der Geister eine Art von Trunkenheit, aus welcher eine tolle und doch begreifliche Täuschung hervorgeht. Der Zweck ist doch, zu erzwingen, dass besser regiert werde, und die Form dafür zu finden, aber der Wirbel in den Köpfen brütet eine Stimmung aus, deren Inhalt, in das richtige Wort gefasst, im Grunde lautet: es wäre das Beste, wenn gar nicht regiert würde – was freilich nicht ausschließt, dass die vordersten Schreier in Gedanken hinzusetzen: ausgenommen, wenn *wir* regierten. Dies ist ja eigentlich die Ursache, warum Revolutionen nicht zu ruhen pflegen, bis das Gegenteil von dem erreicht ist, was sie vernünftigerweise zu wollen hätten: sie sind Sturm gegen Reaktion und machen neue, größere Reaktion, sie wollen Freiheit und schaffen Unfreiheit, weil sie die Freiheit negativ verstehen. Trotz dieser Begriffsverkehrung und ihren Folgen ist die Stimmung in den Anfängen solcher Sturmzeiten schön wie Frühlingsstimmung. Man ahnt die nahe liegende Verzerrung nicht. Alles scheint möglich. Wie ein seliger Traum kommt es über die Geister; der Zorn, der darin waltet, fühlt sich als ein heiliger Zorn. (...)

Die (vorläufig) letzte Handlung
des deutschen Reichskanzlers. Nachwort.
(Kritische Gänge III, 353–365; 1882)

Die eigentümliche Halbheit, welche die Beschlüsse der Nationalversammlung charakterisiert, sodass sie wie zwei zusammengeleimte Bretter aus zweierlei Holz erscheinen, tritt auch in dem am 6. Dezember über den *Adel* gefassten Beschlusse hervor. Die Bestimmung: »der Adel als Stand ist aufgehoben«, ist zweideutig. Solange man nicht die Adels*bezeichnung* abschafft, sowohl den Titel als die Arabeske »von« am Namen, wird er sich zunächst *sozial* immer behaupten, an die soziale Geltung aber werden sich zunächst alle gewohnten Bevorzugungen bei Ämterbesetzung, vorzüglich im Militär, das Hofschranzenwesen usw., bei nächster Gelegenheit aber auch wieder die *Vorrechte* wie an einen Magnet ansetzen. Nun kann man zwar durch eine Interpretation beweisen, dass jener Beschluss wirklich die Aufhebung des Adelstitels bedeuten müsse. Wozu nämlich ein neuer, besonderer Satz, wenn durch denselben nur eben das ausgesprochen werden soll, was schon in dem anderen, der die Adelsvorrechte aufhebt, enthalten ist? Dazu nehme man dann die folgende Bestimmung herauf, welche alle bloßen Titel abschafft, so ist der Schluss offenbar gezogen. Allein es ist immer übel, wenn ein Gesetz einer Auslegung bedarf und nicht schon durch den Buchstaben klar hinstellt, was es will. Wir haben dem Adel kein Ende gemacht; wir haben einen Teil der Prädikate aufgehoben, aber das Subjekt stehen lassen, an das diese Prädikate immer von selbst wieder anschießen. Wir haben weggetan, was am Haken hängt, aber den Haken haben wir beibehalten, und ehe wir uns umsehen, wird er wieder vollhängen. Lieber die Vorrechte noch einen Augenblick stehen lassen, als das Subjekt dieser Vorrechte mit dem unausrottbaren Trieb, sie wieder zu erringen, in seinem Dasein belassen! Freilich wird man einwenden, einen Mythus vernichte man nicht durch Dekrete. Der Tod eines Mythus ist allerdings nur die in die Majorität eingedrungene Einsicht, dass es eben ein Mythus sei. Wie wenige, selbst unter den Gebildeten und Denkenden, dies einsehen, zeigte schon die erste Debatte über den Adel. Immer und immer wieder sprachen die Redner so, als gäbe es einen Adel, als existierten gewisse Menschen, denen die Qualität, adelig zu sein, als ein Modus der Existenz gleichsam vom Wirbel bis in die Zehen gehe. Es gibt keinen Adel; es gibt einen Adel, weil wir meinen, es gebe ihn. Der Adelige meint, er sei adelig, weil wir es meinen, und wir meinen es, weil er es meint. Der Adel ist eine Fiktion, er ist die *Vorstellung*, als gäbe es zweierlei Menschengattungen von ungleicher Güte des Fleisches und Blutes, er ist ein gewisse Familien umschwebender Traum, herübergepflanzt aus der Kindheit der Völker, aus den Urwäldern Indiens in die Gegenwart, sanktioniert durch Bräuche, Sitte, benützt als retardierendes Moment in der Geschichte der Staatsverfassungen. Dass es aber an solchen Momenten, wenn man sie einmal braucht, nicht fehle, dafür sorgt die liebe Natur, auch wenn wir jenes rein fiktionäre über alle Berge werfen.

Der Adel ist ein Kindermärchen, ein Stück Romantik, der alte Mythus von Göttersöhnen. Moritz Arndt berief sich für die Erhaltung dieses Mythus auf den Wert der *Mannigfaltigkeit*, auf das Poetische der bunten Vielheit der Rassen, Völker, Stämme, Familieneigentümlichkeiten. Welche logische Konfusion! Der Mythus vom Adel setzt etwas ganz anderes als die wirklich real vorhandene Verschiedenheit der *Arten* im Menschengeschlecht voraus. Durch allen Unterschied der *Arten hindurch* soll nach diesem Mythus ein *anderer, weiterer* Unterschied gehen, ein Unterschied, der mitten im Wesen der *Gattung* selbst sitzen soll. Die Scheibe hat viele Ringe, dies aber ist nicht ein Ring unter den Ringen, sondern ein Riss durch das Zentrum und alle Ringe. Das Adelsvorurteil ist ein feiner, stechender, geistig schneidender, schwärender, eiternder Dorn mitten in das Bewusstsein, den Begriff der Menschengattung gesetzt. Es hebt mit einer tödlichen Beleidigung die Einheit des Menschengeschlechts auf. Jeder Stolz ist widerwärtig und beleidigend: Völkerstolz, Beamtenstolz, Geldstolz, Bauernstolz und wie sie alle heißen mögen. Aber jede dieser Arten des Stolzes hat doch ein Objekt: Völker gibt es, Beamte, Geld, Bauern gibt es; wer auf eine dieser wirklichen Qualitäten seiner Existenz stolz ist, der tut sich törichterweise etwas Besonderes zugute auf dies und jenes, was er, noch außerdem, dass er Mensch ist, hat oder ist, aber er hat es doch, er ist es doch. Adelsstolz aber ist Stolz auf ein Nichts, auf ein

Phantom der Vorstellung, er ist daher durch und durch gespenstisch. Neben ihm ist Bauernstolz, Geldstolz immer noch inhaltvoll, saftig. Die Vorstellung aber, auf deren vermeintlich wirklichen Inhalt der Adelsstolze stolz ist, sagt aus, dass er nicht etwa durch dies und jenes, was er ist oder hat, sondern eben *in seiner Menschheit* selbst besser sei als andere. Mit *einem* Wort, er allein ist eigentlich Mensch, die andern sind es nur angeblich. »Der Mensch fängt beim Baron an.« Wie groß ist neben diesem gespenstischen Mythenstolze z.B. der Stolz eines gedrückten Volkes! Zwischen Juden und Adel ist ein Unterschied; er besteht darin: dass es Juden gibt, Adel nicht. Es muss dahin kommen, dass, wie einst der Jude mit Unrecht in Verlegenheit kam, wenn in Gesellschaft seine Nationalität berührt wurde, so der Adelige, wenn das Märchen vom Adel berührt wird, mit Recht in Verlegenheit kommt. Man sagt, der Adelsstolz sei doch feiner, daher immer erträglicher als Geldstolz, Beamtenstolz usw. Ich will nicht an den rohen Adelsstolz, an so manchen Peitschenhieb eines Junkers über das Gesicht des armen Landmanns erinnern, der ihm Hasen trieb; ein Lorgnettieren, ein Augenzwinkern, ein Mundwinkelzucken des wirklich feinen Adeligen ist immer noch beleidigender als die roheste Grobheit eines Beamten, des Geldsacks, des reichen Bauern usw.; denn diese lässt mich immer Mensch sein, jenes aber, selbst jene stumme Gebärde sagt mir: deine Nervenfasern, dein Fleisch, Blut, Schweiß, deine

Ausdünstung weist aus, dass du nicht zu mir in dieselbe Menschheit hineingehörst. Ich bin nicht fanatisch gegen den Adel; den Adeligen, der dies Vorurteil überwunden hat, achte ich doppelt, ja ich *achte ihn mehr* als andere, im Übrigen gleich gute Menschen. Ich tue dies nicht, *trotzdem dass*, sondern *weil* er ein Adeliger ist. Das heißt – wohlgemerkt! – weil er, um bei dem einfachen Menschenbewusstsein anzukommen, einen doppelt weiten und schweren Weg, weil er doppelte Arbeit hatte; denn er musste das ungeheure, das schauderhafte, mit der Muttermilch eingesogene Vorurteil überwinden, als sei er, ehe er noch irgend *etwas* getan, geleistet, durch irgend *etwas* sich ausgezeichnet, schon etwas *Besonderes*. Aus Wohlwollen für alle die Unglücklichen, die in dieses Vorurteil hineingeboren werden, will ich seine Zerstörung. Die Wehr, über die ihr Geist gehen muss, den Pfahl, der ihnen durch das Hirn geht, den Splitter im innersten Organismus des Bewusstseins will ich ihnen freundlich herausnehmen. (…)

Die Adelsfrage und der Beschluss der Nationalversammlung am 6. Dezember 1848. (Kritische Gänge III, 31–36; 1848)

Nun kommen die Stammes-Partikularisten, die in bedenklichen Massen zur großdeutschen Partei ungezählt sich rechnen. Unter den Stammes-Partikularisten verstehe ich mehr oder minder dumpfe Naturen, die es mit der deutschen Einheit gemütlich meinen, aber noch viel gemütlicher mit der besonderen Vortrefflichkeit ihrer Nussschale von Land und Staat. Sie rufen, sie schreien, sie jubilieren, sie trinken Räusche für die deutsche Einheit und schimpfen, wenn »ein Ausländer«, d. h. ein Deutscher aus einem andern Lande bei ihnen angestellt wird. Sie erfreuen sich so recht dick und fett aneinander als gute Schwaben, Bayern usw. und haben nie gedacht, was eigentlich zu opfern ist, wenn es einmal Ernst wird. Wäre man in Bayern über dieses gemütliche Helldunkel so weit hinaus, als man billig hinaus sein sollte, so wären wohl in der neu berufenen Kammer nachdrücklichere und mehr Worte gegen die Stelle der Thronrede gefallen, die einmal von Bereitwilligkeit zum Mitwirken an einer Reform der Bundeseinrichtung sprach und daneben zwei Mal die »Selbständigkeit« Bayerns betonte, – Worte, die der Regierung die Schönheit des Sprichwortes ans Herz gelegt hätten: den Pelz waschen, ohne ihn nass zu machen. Was ist Bayern als »selbständiger« Staat? Wo hatte es seine Flotte, um den Königssohn, den es in den Ameisenhaufen, genannt griechischer Thron, gesetzt hatte, gegen das unregierbarste und undankbarste aller Völker zu schützen? Und was könnte Bayern sein als ein Glied von Deutschland? Glieder sind aber eben nicht selbständig schlechthin, sondern relativ, sehr relativ selbständig. Wenn es an die deutsche Einheit geht, so heißt es nicht zwei Mal »selbständig« und einmal »opfern«, sondern zwei Mal »opfern« und kaum einmal »selbständig«. (...)

Frisch gewagt!
(Kritische Gänge III, 203–245; 1863)

Die furchtbar verbreitete Fälschung vorzüglich der Getränke ist ein Teil, eine Seite der tiefen Verdorbenheit, welche jetzt breiter und breiter in unserer Nation um sich frisst. In der Tat, der physische Ekel, mit dem man die gefälschten Brühen schlürft, ist noch das geringste; viel weher tut der moralische Ekel, den man mit jedem Schluck hinunterwürgt. Nicht mit jedem, nein! aber die Ausnahmen muss man mit der Laterne suchen.

Mitursache der Fälschung der Getränke und der Fälschung des Begriffs der Fälschung sind bekanntlich die Fortschritte der Chemie; Mitursache, nicht Schuld; die Schuld trägt nicht die Chemie, sondern ein Teil der Chemiker. Wenn die Wissenschaft nachweist, dass gewisse künstlich herzustellende Stoffe denen gleichkommen, welche in gewissen Naturerzeugnissen, in gewissen Produkten ihrer Gärung enthalten sind, so erklärt sie damit noch lange nicht für zulässig, in der technischen Behandlung, der wir den Saft der Traube, Hopfen und Malz unterwerfen müssen, jene Stoffe, statt sie eben durch natürliche Gärung sich bilden zu lassen, durch Zutat von außen zu ersetzen, um dafür das Quantum durch Wasser vermehren zu können. Anzuklagen sind nur die einzelnen Chemiker, die das für zulässig erklärt, ja geraten haben, und diese freilich haben den Weg gezeigt, mit dessen Betretung alle Grenzen zwischen Redlichkeit und Betrug sich verwischt haben. Bei ihnen ist die Praxis des Betrugs in die Schule gegangen und, so verstanden, haben wir allerdings eine

Wissenschaft im Dienste der allgemein wachsenden Schlechtigkeit. (...)

Als unsere Heere den Feind besiegt hatten und das Reich aufgerichtet war, meinten wir, nun werde die ganze Nation stolz sich emporstrecken, um der neuen Ehre würdig zu stehen und zu schreiten. Wie hatten wir uns getäuscht! Eine sinnlose Menge rieb sich die Hände und rief: »Nun haben unsere Legionen es uns erkämpft, nun wollen wir aber auch recht gründlich gemein werden und so recht lustig im Kot wühlen!« Schneller reich werden und mehr genießen als Ehre und Gewissen erlaubt, das war ihre Losung. Es folgte, dass Ehre und Gewissen für lächerlich erklärt werden mussten. Es ist hergebrachte Mode bei der Korruption, jede Stimme, die es unternimmt, an die einzig wahren Güter des Lebens zu mahnen, dem Gekrächz absurder Moralprediger und Pietisten gleichzustellen; die Zustände in Amerika sind auf dieser Stufe angekommen und die deutschen im vollen Zuge, ihnen nachzujagen. Wie die Losung durch die Reihen des süßen, weit hinaufreichenden Pöbels flog, so begann nun die wahnsinnige Jagd der Spekulationswut, des Gründertums, des Schwindels jeder Art, und der notwendig folgende Krach hat lange nicht hingereicht, den wilden Fieberdurst zu dämpfen. Von jedem braven deutschen Kaufmann kann man die Klage über die unsoliden Zustände in unserem Handel vernehmen. Jeder ehrliche Industrielle wird uns zugeben: das Wort, welches Reuleaux über unsere Industrie ausgegeben hat: »billig und schlecht!« sagte nur denen eine Neuigkeit, welche die Augen nicht offen hatten. Es ist leider noch sehr schonend; auf einen Teil unserer Industrie und namentlich auf das Handwerk angewandt muss es heißen: »schlecht und teuer!« Wir können, wir dürfen es nicht leugnen, dass auf diesem Felde dasselbe Frankreich uns beschämt, dessen übrige Frivolität im letzten Kriege zum Ausbruch gekommen und von uns gezüchtigt worden ist. Wir verweisen auf den gedruckten Vortrag von Sybel: »Was können wir von den Franzosen lernen?« Die Arbeit des französischen Handwerkers ist pünktlicher, gewissenhafter, solider, auch im Stoffe, wenn er ihn hinzugibt, solider und doch billiger als die deutsche. Es handelt sich dabei auch vom Worthalten, und jener Vortrag hat nicht versäumt, es zur Sprache zu bringen. Der französische Handwerker achtet es für Ehrensache, genau die Frist einzuhalten, auf welche er eine Arbeit versprochen hat; bei uns zu Lande darf man sich zehn für eins bei jeder Bestellung darauf gefasst machen, dass der Arbeiter es für lächerlich, für ungebildet, für kleinlich hielte, sich an sein gegebenes Wort zu binden. (...)

Große Schwierigkeiten stehen der Operation des Geschwürs entgegen. Die Chemie vermag nicht alle Fälschungen nachzuweisen; wenigstens was das so gesunde und immer mehr sich verbreitende Getränke des Biers betrifft, versichern uns Chemiker, dass im Allgemeinen der Gaumen sicherer urteile als das wissenschaftliche Experiment. Der richtige natürlich; aber da liegt das Übel. Der Gaumen unserer Generation ist gerade jenem Trank gegenüber in einem Grad abgestumpft, der den Brauern zu jeder Fälschung den Vorwand leiht, ja sie zur Fälschung ordentlich verführt. Wozu die Mühe und die Kosten, ein reines Bier zu brauen, wenn dem Publikum die ekelsüße Jauche besser schmeckt als das im Anschmack immer herbe, ehrliche Getränk aus Hopfen und Malz? Es verhält sich wie mit dem Kaffee und den Weibern: die Mehrzahl will Zichorie darin; so verlangt die Mehrzahl der Trinker ein Gepansche von angeblichem Bier, das im Anschmack süß ist und im Nachschmack wie Erde und Alaun schmeckt. An diese unbestreitbare Tatsache hängen sich nun die vielen Gegner eines ernstlichen Einschreitens gegen den verbreiteten Betrug. Das Publikum soll sich selbst schützen, sagen sie; *volenti non fit injuria*; wem das schlechte Bier besser schmeckt als das echte, dem ist nicht zu helfen.

Dieser Grundsatz, wonach der Betrug straflos sein soll, wenn der Betrogene ihn nicht merkt, würde in seiner Konsequenz zur Straflosigkeit jedes Verbrechens führen. Der Falschmünzer z.B. wäre nicht mehr zu strafen, der Staat hätte zu sagen: es ist eure Sache, euch durch die falsche Münze nicht täuschen zu lassen. Freilich muss dieses Beispiel sehr fremdartig erscheinen, da die Falschmünzerei dem Staate an den eigenen Säckel geht, gesundheitsschädliche Fälschung von Lebensmitteln aber nicht. Es wäre einzuwenden, dass Schädigung der Bürger in ihrer Gesundheit dem Staat nicht minder an sein Wohl greift als Falschmünzerei, nur nicht so evident, nur nicht so unmittelbar. Doch wir wollen ein anderes Beispiel wählen. Auch der Mord müsste straflos sein nach jener Prämisse. Warum hat sich der Gemordete täuschen lassen, warum hat er dem Mörder getraut? so könnte der Staat sagen und, statt zu strafen, seinen Bürgern überlassen, besser auf der Hut zu sein. Dieses Beispiel wenigstens wird man nicht gesucht finden, denn Fälschung der Lebensmittel ist langsamer Mord, geübt an Vielen, an Unzähligen.

Da nun aber die chemische Probe nicht ausreicht, alle Fälschungen der Getränke nachzuweisen, und da der natürliche Gaumen längst selbst schon gefälscht ist, so fragt es sich, welche Mittel zu ergreifen sind, die in diese Lücke treten. Wir nennen eines, welches Praktischere als wir nicht für untunlich halten.

Man hört von allen Seiten, dass Fälschungsstoffe von Weinhändlern und Bierbrauern bei Apothekern und Drogisten massenhaft aufgekauft werden. Soll es denn unmöglich, mit dem Gesetze nicht vereinbar sein, hier einzugreifen, den Apothekern und Drogisten den Verkauf solcher Stoffe an diese Geschäfte zu verbieten, Einsicht in ihre Bücher zu verlangen? Gewiss fänden Käufer und Verkäufer hundert Wege, das Gesetz zu umgehen, aber wenn auch nur in einem Dutzend von

Fällen jährlich eine solche Bestimmung und Maßregel auf die Spur der Fälscher führt, so können – strenge Bestrafung vorausgesetzt – doch jährlich zwölf gewiss wirksame Abschreckungen vollzogen werden.

Strenge Bestrafung: es wird jeder Freund der Gerechtigkeit mit uns übereinstimmen, wenn wir aufstellen, dass unsere Gesetzgebung in diesen Dingen zu lax, zu mild ist. Unseres Wissens stand bis hinein in das vorige Jahrhundert auf die gesundheitsschädliche Fälschung der Tod; jedenfalls noch im siebenzehnten; im Jahre 1602 ist in Stuttgart ein Weinhändler, in dessen Getränke Blei-Essig nachgewiesen war, enthauptet worden. So schrecklich waltet nun freilich in unserer zahmen Zeit die Göttin Gerechtigkeit nicht mehr, aber so weich ist sie doch wohl nicht geworden, dass sie für Schurken keine Zuchthäuser mehr hätte. (...)

Die (vorläufig) letzte Handlung des deutschen Reichskanzlers.
(Kritische Gänge III, 342–353; 1877)

Eisenbahnfahren kann überhaupt nur ein sehr kindischer Mensch für ein Vergnügen halten; kommt noch das besondere Leiden hinzu, von dem hier ein traurig Lied gesungen werden soll, so wird es vollends zum Martyrium.

Wir haben unser Billett erstürmt, unser zwischen Koffergebirgen gebanntes, auf »Behandlung« harrendes Gepäck aufgegeben, sind eingestiegen, haben einen Eckplatz erwischt, verfügen also mit einiger Freiheit über das nächste Fenster und können es gegen einen Zugnarren hüten; wir sitzen, uns gegenüber etwa ein sichtlich ordentlicher, bescheidener Mensch, mit dem wir in Frieden zu bleiben hoffen; der Kondukteur ruft noch einmal die Richtung aus – und nun kann's losgehen. Aber da ist in der letzten Minute noch ein junger Mann eingestiegen und sucht sich einen Platz. Sieht aus, als könnte er sein: Reisender in Zigarren, Tuchen, Drogen, Weinbuketts oder Bierkuleuren, vielleicht auch Tourist, der seine Reisen literarisch ausnützt, oder so etwas. In seinen Augen, wie er so dasteht und umschaut, leuchtet Herrscherblick, in seinen Zügen ist etwas, das da sagt: ich bin Praktikus im Reisen, ich kenn's und kann's, den letzten Rest von Schüchternheit, der sich im Gemüte des unerfahreneren Menschen birgt, ich bin ihn los. Ausdruck unbedingter Sicherheit. O, man sieht ihm auf den ersten Blick an: da gibt's etwas mit den Füßen! Dieses Gesicht sagt stillschweigend: »den Unverschämten will ich sehn, der mir verwehrt, auf diesen Polstersitzen mit den bestäubten Stiefeln umzurutschen.« Stiefel, Sohle, Absatz guckt ihm eigentlich schon aus dem Gesicht heraus, etwas gewisses staubig Ledernes, Schuhnägeliches wohnt auf Stirn, Nase, Mundwinkeln und Kinn. – Er setzt sich – mir schief gegenüber – und der Platz neben mir ist unbesetzt – da hat er also freies Feld – Fußtummelplatz – o weh!

Man ist wenige Minuten gefahren, so fängt's an, stufenweise. Eine Ungeduld, ein Kitzel, ein Reiz zur Kinderunart prickelt ihm in den Beinen, sie zappeln, sie geben nicht Ruhe. Jetzt schlägt er ein Bein übers andere: erste Form der Ungezogenheit. Wo Leute nebeneinander und einander gegenübersitzen – vollends eng, wie im Waggon – da geht dies ja nicht, darf nicht sein. Darum nicht, weil jeden Moment die gehobene, schwebende Fußsohle das Knie des Nachbars mit Berührung bedroht. In England freilich ist dieser Unfug Sitte, überall, in jedem Raum, in allen Ständen, selbst in den höchsten; der Lord schlägt neben der Lady im Salon, im Konzertsaal das Bein über, und sie duldet's. Nun, von englischer Zucht haben wir nachher noch ein Wort zu reden.

Zurück zu unserem Mann! Es ist ein Mann des Fortschritts.

> Ruhig war er nicht dabei,
> Ließ es nicht beim Alten.

Zunächst wechselt er mit den Beinen, schlägt nach dem rechten das linke über oder umgekehrt, dann setzt er vorerst nur die Fußspitze an die Vorderseite meines Nebensitzes, dann rückt er aufwärts, und jetzt legt er den einen, dann auch den andern Fuß neben mich auf das Polster.

Angelangt an diesem Stadium unserer Leidensgeschichte, wollen wir uns doch das Kapitel der Schicklichkeit, um das es hier sich handelt, etwas näher ins Auge fassen.

Ein Eisenbahnwagen mit seinen Sitzen ist zwar kein Wohnzimmer oder Salon, aber doch nicht so sehr von einem solchen verschieden, dass da erlaubt sein könnte, was in diesen als Ungezogenheit, als rohe, grobe, wüste Unsitte zweifellos verpönt und ausgeschlossen ist. Auf die Stelle, wo Menschen, gebildete Menschen sitzen, gehören ein für allemal keine Füße, keine Schuhe, Stiefel mit ihrer Wichse und ihrem Sohlenstaub oder gar -kot. Berühren und beschmutzen sie, neben mich gelegt, auch nicht meine Kleider – was aber doch jeden Augenblick droht und auch oft genug geschieht –, schon der Anblick ist beleidigend, ekelhaft, empörend, wie jeder Anblick einer Ungezogenheit. Eine Reise von Stunden, von halben, ganzen Tagen kann uns dieser bloße Anblick verbittern, vergällen. Es hauste einmal einen halben Tag lang mir schief gegenüber in einem Coupéwagen ein Herr, der keinen Nachbar hatte, weder neben sich, noch gerade gegenüber, der also über die

Abteilung, worin er saß, allein verfügte. Er zog einen Haufen Zeitungen heraus und fing an zu lesen; dabei nahm er, sich drehend, dehnend, räkelnd alle Stellungen an, die ihm beliebten, legte die Füße auf die Polster gegenüber, setzte sich halbliegend der Länge nach und bohrte mit den Kanten der Absätze auf dem Polster seines eigenen und des Nebensitzes herum, kurz, tat alles, was ersinnlich war, die Tuchüberzüge zu beschmutzen, zu verschweinigeln, zu zerschinden. Es begreift sich wohl, dass es nicht angenehm ist, sechs Stunden lang zu fahren, eine ohrfeigenwürdige Büberei vor Augen, und dieser Büberei wehrlos zusehen zu müssen.

(...) In München stieg nach mir ein ältlicher Herr ein, säuberlich angetan, die Glanzhandschuhe fehlten nicht, die er auch auf der ganzen Fahrt anbehielt; Gesichtstypus englisch, ließ auf einen Reverend schließen, Züge wie gebügelt, weich, samten. Kaum sitzt das Herrchen, so liegt schon sein einer Fuß auf dem leeren Sitz gegenüber, und zwar dieser Fuß nicht in Glacéhandschuh steckend, sondern in einem mächtigen, dicksohligen, stark benagelten, staubigen Gebirgsschuh. Der Fuß musste jedoch zurückgezogen werden, denn der Platz wurde von einem jungen Mann eingenommen. Dieser knüpfte alsbald mit dem Briten ein englisches Gespräch an; die Rede des Letzteren zeugte von feinstem Schliff, klang zart, fein, dünn wie bloßes Lispeln; der denkbar vollste Gegensatz gegen sein Fußgebaren und seine Schuhe, deren Ursprung sich übrigens jetzt aufhellte, denn er erzählte, er komme von Tirol: es waren also wirklich Gebirgsschuhe von irgendeinem Künstler in Schwaz, Zell oder Imbst. Der Nebenplatz des würdigen Herrn war frei und ebenso der nächste weitere Platz nach der Zwischenlehne der zwei Abteilungen einer Coupéseite; was tut er? Er zieht nun seine langen Füße in dieser Richtung herauf und legt sie so, dass sie noch über genannte Zwischenlehne hinüberragen und hier sich an einem Überzieher reiben, den ein Jüngling, mir gegenüber im letzten, im Eckplatz sitzend, neben sich gelegt hatte. Was tut der Jüngling? Er bringt bescheidentlich seinen Paletot in Sicherheit und beschwert sich nur leis bei mir über die Unart. Ich aber hatte keinerlei Recht, einzugreifen, denn ich saß auf der andern Seite und hatte in die Dinge, die drüben vor sich gingen, nichts dreinzureden; hätte ich es dennoch versucht, so war leicht zu wissen, was ich erreicht hätte, denn mehrere Male sah der Kondukteur den Unfug und tat nichts. Die Ankunft abends in Ulm befreite mich von dem Anblick; der Herr Reverend wird wohl mit seinen Nagelschuhen noch hübsch herumgearbeitet haben die Nacht hindurch.

Bin ich nicht bloßer Zeuge, sondern geht der Unfug mich direkt an, so dulde ich ihn nicht, folge, was da wolle. Darüber habe ich schon heftige Szenen bekommen; am glimpflichsten lief es immer ab in Italien. Dort herrscht der Unfug stark, aber der Italiener ist höflich genug, auf Beschwerde nachzugeben, der Engländer lässt es lieber bis zum Boxen kommen. In Frankreich, das ich wenig kenne, wird man wohl im Kollisionsfall auf Artigkeit rechnen dürfen, wie jenseits der Alpen; in Deutschland macht man in verschiedenen Himmelsgegenden verschiedene Erfahrungen. Noch leidlich steht's in unserem Süden, speziell in Württemberg ist durch die langen Wagen der Unfug auch weniger begünstigt; da hier je nur zwei sich gegenübersitzen, also das Feld für Fußrecklümmel kleiner, da der Kondukteur öfter gegenwärtig ist, so liegt alles einfacher. Gegen Norden nimmt das Übel zu mit der Art von Zuversichtlichkeit und Selbstgewissheit, welche die nördlicheren Stämme verhärtet, mit der Vermehrung der Kommissvoyageurs, der Englishman und mit der Coupéwageneinrichtung. In östlicher Richtung macht sich bald die österreichische Menschenart fühlbar, die in solchen Dingen der Ungesetzlichkeit stark ergeben, doch meist ziemlich traktabel ist, naiv staunt, wenn man sie aufmerksam macht, doch nicht lang streitet, sondern weichgibt.

Es sind die *gebildeten* Stände, die sich das Vorrecht dieses Unfugs anmaßen. Nimmst du auch die erste Klasse, du wirst dich nicht vor ihm sichern. Der Baron, der Graf, der Fabrikenkönig, der Millionär auf den Samtpolstern macht es nicht besser als das reisende Haus, der Artikel schreibende Tourist, Korrespondent, der Interviewer, der Couponschneider drüben auf den Tuchpolstern. Es ist Unsitte der Gesitteten, Ungezogenheit der Erzogenen, Unbildung der Gebildeten, Rohheit und Grobheit der Feinen, es ist Böotismus in attischem Land (*sie parva licet* –). Willst du wirklich sicher fahren, so musst du in die dritte Klasse sitzen. Dort riecht es eben nicht fein, dort kannst du neben einen Kerl in Hemdärmeln zu sitzen kommen, aber *diese* Rohheit hast du nicht zu befürchten. Sie fließt aus der Unbescheidenheit, welche eine Begleiterin des falschen Selbstgefühls vermeintlicher Bildung zu sein pflegt. Sie ist so eingerissen, dass sie nur ganz als selbstverständlich gilt, ist ein Unrecht, das als Recht angesprochen wird.

Das ist nun aber denn doch hart, dass man in die dritte Klasse fliehen muss, um vor einem Unfug sich zu schützen, vor dem das Gesetz alle Klassen schützen sollte! (…)

O Württemberg, gutes Ländchen! Mit Recht respektiert in der Welt um der Ordnung willen, der Genauigkeit und Gewissenhaftigkeit des Dienstes in deinen Verkehrsanstalten! Mit Recht respektiert um so mancher guten Einrichtung willen, mit der du vorangegangen! Erwirb dir auch dies Verdienst! Die Welt wird dir folgen und danken!

Über Podobötismus oder Fußflegelei auf der Eisenbahn. Ein Seufzer an die Verwaltung. (Kritische Gänge III, 366–372; 1879)

Körper

Hochansehnliche Versammlung!

Ein ordentlicher Lehrstuhl ist für die Wissenschaft der Ästhetik errichtet und dadurch ausgesprochen worden, dass sie ein integrierendes Glied im Kreise der akademischen Wissenschaften bildet. Was schon längst die Zeitbildung gefordert hatte, das Ende der scholastischen Bildungsweise, ist hiermit tatsächlich und offiziell anerkannt. Scholastisch nenne ich in diesem Zusammenhange alle Wissenschaft, welche nur auf einseitige Fachbildung hinarbeitet, der Bildung des künftigen Beamten und Gelehrten die Bildung des Menschen opfert und daher dasjenige Element, worin die sonst getrennten Kräfte am reinsten harmonisch zusammengehen, das Schöne nämlich, entweder mit Misstrauen ausschließt oder mit Geringschätzung duldet. Zwar ist seit alter Zeit die klassische Philologie als wesentlicher Lehrzweig in die philosophische Fakultät aufgenommen. Allein lange war sie ein bloßer Wortdienst, der seinen Gegenstand nur als gelehrten Stoff behandelte. Was diese Wissenschaft in neuerer Zeit verjüngt und auf die Stufe erhoben hat, auf welcher sie ihre Aufgabe begreift, in einem lebensfrischen Gesamtbilde das Altertum aus dem Grabe zurückzurufen, das ist neben anderen erfrischenden Einflüssen vor allem die Archäologie der Kunst, die sich mit ihr verschwistert hat. Einen großen Zuwachs erhielt die Philologie durch die deutschen und romanischen Sprach- und Literaturstudien, welche seit kurzem erst zu dem Range selbständiger Wissenschaften sich erhoben haben. War nur hierdurch eine neue Welt von Stoffen unter die akademischen Wissenschaften aufgenommen, so durfte dieser Masse, wie jedem anderen positiven Studium, die ideale Einheit, der konzentrierende philosophische Reflex, nicht fehlen, sie musste sich in einer Wissenschaft des Schönen zusammenfassen. Hiedurch entstand ein Ganzes, eine philosophische Wissenschaft mit dem unter ihr befassten realen Stoffe: Kunst und Poesie des Altertums, des Mittelalters, der neueren Zeit. Eine Teilung an verschiedene Kräfte wurde notwendig; die strengen klassischen Studien, sowie die strenge deutsche und romanische Philologie fordern einen ganzen Mann, wogegen der Philosophie des Schönen, welche ebenfalls eine strenge Vertiefung des Geistes und möglichst wenig Zersplitterung der Kräfte fordert, nur ein geringerer Teil des historischen Stoffes, nämlich neuere deutsche Literatur, ein Zweig der Kunstgeschichte (Geschichte der Malerei) und mehr ästhetische als exegetische Behandlung älterer Dichter zufiel.

Nachdem sich dies also gestaltet und die Ästhetik

den ihr angewiesenen Platz einer selbständigen Wissenschaft eingenommen hat, ist es Zeit, dass sie sich orientiert und sich über ihr Verhältnis zu den übrigen akademischen Fakultätswissenschaften Rechenschaft gibt.

Indem sie sich nun zu diesem Zwecke nach ihren Schwestern umsieht, so fällt, da sie freilich bekennen muss, dass sie nicht so recht ordentlich ist und wenig sogenannte Haltung hat, ihr Blick sogleich auf gewisse, von den anderen, obligaten Wissenschaften über die Achsel angesehene Stiefkinder der Universität, welche im Katalog immer zuletzt stehen und in Prozessionen zuletzt gehen. Es sind dies gewisse *Künste*, welche an der Universität gelehrt werden.

Unter diesen nenne ich zuerst diejenigen, welche ich mit einem Ausdrucke Kants anhängende Künste nennen möchte, weil sie nicht ein freies, vom Künstler unabhängiges Gebilde hinstellen, sondern den eigenen Körper für persönliche Zwecke zu stärken und zu bilden bemüht sind, wobei die Schönheit, welche hierdurch erreicht wird, nicht unmittelbar Zweck ist. Die Ästhetik hat eine besondere Vorliebe für sie, weil sie, bestrebt, die äußere Erscheinung der inneren geistigen Lebendigkeit entsprechend durchzubilden, aus einem geteilten einen ganzen Menschen herstellen. Es sind zunächst die gewöhnlich so genannten *gymnastischen* Künste, Reiten, Fechten, Turnen. Früher wurde auch das schöne Ballspiel an der Universität gelehrt; in der edlen Schwimmkunst kann kein Unterricht erteilt werden, weil unsere gute Stadt Tübingen, so wie für einiges andere, auch für einen Schwimmplatz nicht gesorgt hat. Namentlich aber fehlt das Exerzieren, was allen gymnastischen Übungen erst höheren Reiz gibt, weil es mit dem Gefühle eines wesentlichen und objektiven Zweckes, der Vaterlandsverteidigung, sich verbindet. Die *Tanzkunst*, welche ebenfalls auf der Universität gelehrt wird, steht, so könnte es scheinen, in einem näheren Verhältnisse zur Ästhetik, als die übrige Gymnastik, weil Bildung des Körpers zur Schönheit der Form und Bewegung für sie in unmittelbarerem Sinne Zweck ist, als für diese, welche zunächst Stärkung beabsichtigt. Allein die Ästhetik neigt sich aus begreiflichen Gründen gerade mehr zu derjenigen Art der Körperbildung hin, welche die Grazie nicht als solche sucht, sondern als Zugabe zur Stärke von selbst erreicht. Es entsteht daraus jene männlichere Grazie, welche natürlich da, wo es sich um die Erziehung männlicher Jugend handelt, einen höheren Wert hat. Diese männlichere Grazie zierte früher auch den Tanz, als er noch Volkstanz war; unsere Voreltern liebten z.B. den Schwertertanz, der auf unseren Bällen jetzt freilich weniger mehr am Platze wäre. Die Orchestik ist aber überhaupt in hohem Grade gesunken. Der jetzige Tanz besteht aus lauter beschnittenen, ihres Feuers, ihrer volkstümlichen Frische, selbst ihres lyrischen und epischen Ausdrucks beraubten Resten früherer Volkstänze, und während in südlichen Ländern im Volke noch ein Gefühl ist, dass der Tanz eine reine, ihren künstlerischen Zweck in sich selbst tragende Darstellung sein müsse, so ist er in unserer modernen Gesellschaft ein bloßes Mittel gegenseitigen Gefallens und momentaner Unterhaltung unter beiden Geschlechtern geworden. Doch auch so bleibt der Tanz eine ganz gute und notwendige Sache und eine wesentliche akademische Beschäftigung.

Man muss nicht meinen, es sei eine bloße Grille der Ästhetik, diese Sympathie mit den Künsten der Körperbildung. Sie sind vom Standpunkte der anderen akademischen Wissenschaften nicht weniger wichtig, und indem ich dies mit einigen Bemerkungen auseinander setze, so erziele ich dadurch zugleich eine einleuchtende Vorbereitung auf den weiteren Hauptinhalt meiner Rede, denn an dem gemeinschaftlichen Interesse, wodurch alle Wissenschaften auf diese Künste bezogen sind, wird auch bereits die gemeinsame Beziehung derselben auf das Schöne deutlich, da jene Künste allerdings ästhetischer Art sind.

Nur mit ein paar Worten will ich andeuten, welche Wichtigkeit die gymnastischen Künste für die Medizin haben. Wie mancher Rheumatismus, wie manche Indigestion, die jetzt mit Tee, Schwitzen, Rhabarber verfolgt wird, wurde sonst auf der Palästra geheilt! Schönheit aus Stärkung ist zugleich Hebung der Gesundheit und mit den Gelehrtenkrankheiten, diesem Kreuz der Ärzte, würde es wohl auch anders werden, wenn die Gelehrten nur erst lernten, aufrecht, die Brust heraus, gehen!

Von dem größten Interesse müssen die gymnastischen Künste auch für die juristische und staatswirtschaftliche Fakultät sein. Der Staat braucht starke Männer, dem Staate ist nicht mit Männern gedient, welche, wie man zu sagen pflegt, den Finger im Reisbrei abbrechen. Gesunde und blühende Kräfte verlangen die Geschäfte der Produktion und Bearbeitung, Landbau und Gewerbe. Der jetzige Zustand des Lebens dringt ferner auf immer größere Trennung und Teilung der Arbeit; umso mehr sollten jene Übungen gepflegt werden, welche zur Herstellung des ganzen Menschen aus dem geteilten so wesentlich beitragen. Das Volk soll heiter und glücklich sein; es soll seine Kraft, seinen Wohlstand, sich selbst in öffentlichen Festen zeigen. Kriegerische, selbst gefährliche, nationale Spiele haben von jeher den Mittelpunkt wahrer Volksfeste gebildet, und wäre dieser schöne Brauch nicht so sehr abgekommen, so würden wir auch auf unseren Märkten und sonstigen Volksversammlungen nicht mehr die hässlichen Gestalten sehen, aus welchen jeder Adel der Form verschwunden ist. In früheren Zeiten war es dem Volke selbst anvertraut, sich zu schützen und Waffen zur Notwehr zu tragen: ein Geschäft, das uns jetzt von Polizeidienern und Landjägern gütig abgenommen ist; aber um auch nur solche, um taugliche Gefängniswärter usw. zu erhalten, braucht man tüchtige Leute.

Diese werden daher aus dem Soldatenstande genommen. Aber dies eben führt mich auf einen Hauptpunkt. Jeder Bürger sollte auch Krieger sein; es gehört zum Manne, Krieger zu sein. Unsere Zeit hat eingesehen, dass die Monopolisierung der Tapferkeit in einem bestimmten Stande gegen den Begriff derselben als eines kardinalen Attributs der Mannheit überhaupt ist, und dass der wahre Begriff des Staates notwendig auf die Idee einer allgemeinen Landwehr führt.

In den Verhandlungen unserer letzten Ständeversammlung wurde die Frage aufgeworfen, ob der Staat die Befugnis habe, den Schulzwang auch auf die gymnastischen Übungen auszudehnen, welche mit den Schulen verbunden werden sollen; und da musste man die wunderbare Bemerkung vernehmen, dass auf diese Weise unser Staat am Ende gar dem spartanischen oder platonischen ähnlich würde. Als ob ihm nichts Übleres begegnen könnte! Was am meisten zwingt, ist die Freiheit. Sie zwingt den trägen, weichlichen Willen und entbindet den wahren, hebt ihn in Luft und Licht. Zu dem, was ihm wahrhaft heilsam ist, hat der Mensch von jeher gezwungen werden müssen.

Von äußerster Wichtigkeit muss aber die gymnastische Bildung für die Theologie und Philosophie sein. Ich nenne diese beiden hier zusammen und so, dass ich die erste durch die letztere ergänze, denn die Religion in ihrer getrennten Stellung ergreift den Menschen nur auf einem Punkte, sie fordert innerste Heiligung des

Gemüts, zeigt aber nicht, wie diese als *Bildung* durch die ganze Persönlichkeit durchzuführen ist. Zwar könnte aus der religiösen Forderung, dass unser Leib der Tempel des heiligen Geistes sein soll, die Bedeutung und Wichtigkeit jener Übungen leicht abgeleitet werden; aber die Religion auf ihrem spezifischen Standpunkte zieht solche Folgerungen nicht, sondern gibt sich leicht der Täuschung hin, als sei es genug, wenn verborgen auf dem innersten Herde ein heiliges Feuer brenne, während Mauern und Wände dunkel und schmutzig bleiben. Dann lässt der Geist seinen Leib fallen, welcher nun, seinen eigenen Launen preisgegeben, jede seltsame Figur annimmt. Ja es verbindet sich mit diesem Standpunkte gewöhnlich jene negative Moral, welche die Bildung der Sinnlichkeit in ihrem eigenen Elemente mit Verdacht und Misstrauen beurteilt als etwas, was nicht sein soll. Dies heißt, bei dem Gegenteil der Wahrheit ankommen; diese formelle Körperbildung ist vielmehr ein Sollen, eine Pflicht. Anerkannt wird dies freilich nicht von der Religion als Religion, sondern nur von der in Philosophie erhobenen, zur Ethik erweiterten Religion. Das Prinzip der Ethik kann in diesem Zusammenhange so gefasst werden: der Mensch soll, während er sich immer reiner zum Geiste bildet, sich ebenso sehr als Natur erhalten. Der Geist soll sein Naturorgan in Besitz nehmen, sowohl damit es ihm auch wirklich gehöre, das geschmeidige Werkzeug seiner Zwecke werde, als auch, damit er sich in ihm darstelle, dass andere ihn gerne sehen, dass in ihm nicht eine Arabeske, ein Schnörkel der Gattung, sondern die Gattung zur Erscheinung komme. Soll aber der Leib dieser Bestimmung entsprechen, so muss er nicht wenig geschüttelt und gerüttelt werden; das bisschen Spazierengehen reicht nicht hin, der Körper wächst nicht von selbst, wird nicht von selbst, was er sein soll, er muss ebenso sehr Kunstprodukt werden, als er Naturprodukt ist.

Es wäre ein leichtes, unseren Satz durch die Pflichtenlehre zu verfolgen. Könnte ich bei diesem Punkte länger verweilen, so müsste ich zeigen, wie in hundert Fällen die wesentlichsten moralischen Pflichten unerfüllt bleiben, weil das Organ ihrer Ausübung, vernachlässigt und unentwickelt, seine Hilfe versagt; nur auf einen Punkt in dem Gebiete der besonderen Pflichten will ich hinweisen. Unter diese gehören die Standespflichten. Kein Stand ist durch die Natur seiner Arbeit so sehr genötigt, seinen Körper zu misshandeln – denn Verdammung eines Organs zur Untätigkeit ist immer die gröbste Misshandlung – kein Stand ist so versessen, wie der gelehrte. Gerade deswegen ist der Gelehrte verpflichtet, doppelte Anstrengungen zu machen, um diesem Missverhältnis entgegenzuarbeiten und seine Menschheit als Ganzes zu retten. Ich meine doch, jener Johannes Osiander, der zugleich Professor und Oberkriegsrat war, durch Kraft, Mut, Gewandtheit, Fecht- und Reitkunst sich und andere mehrmals aus drohender Todesgefahr rettete, Regimenter kommandierte, mit eigener Hand die Pulverfässer aus den französischen Minen im hiesigen Schlosse stahl, sich ins feindliche Lager, um seinen Unterhandlungen Nachdruck zu geben, jene Kugel nachschicken ließ, die ihm selbst Hut und Perücke vom Kopfe riss: der sei ein anderer Professor gewesen als wir. Ein jeder Stand soll sich ferner nach außen würdig darstellen, er soll sich zu repräsentieren wissen. Man hat uns daher dieses Kleid, den Talar, gegeben. Aber fragen wir uns ehrlich, ob wir es auch zu tragen wissen, ob wir auch erwägen, dass man mit diesem Gewande nicht um die Ecken eilen kann, wie mit dem Kollegienhefte in der Tasche, dass man in einer Prozession sich nicht vergessen und in Tritt und Schritt ohne alle Feierlichkeit gehen lassen darf, wie es bei einer bekannten Gelegenheit geschah, wo so viele gar nicht die Reihe einzuhalten wussten, sondern sich bald in der hinteren bald in der vorderen mit Verwunderung vorfanden!

Der wissenschaftliche Vorbereitungsstand, der Stand der Studierenden, hat von jeher die edle, durch die Idealität seiner Zwecke gehobene, aber noch von Sorge und Amtszwang freie Schönheit seiner Jugendlust durch gymnastische Übungen gewürzt. Es ist die allgemeine Klage, es ist von den Studierenden selbst eingestanden, dass ihr Zusammenleben jetzt gesunken und schwunglos ist. Tatsache ist es, dass eines der Symptome dieser Gesunkenheit in der Ausartung der Gymnastik, insbesondere der Fechtkunst zu einem rohen, kunstlosen, auf einen allernächsten Zweck berechneten Dreinschlagen besteht. Ich habe in dieser Beziehung einen frommen Wunsch, die Idee einer Belebung und Erfrischung des Studentenlebens, durch eine gymnastische Organisierung. Es wäre dies zunächst eine bloße Form; aber an eine Form knüpft sich manches Schönere und Gehaltvollere. (...)

Akademische Rede zum Antritte des Ordinariats am 24. November 1844 zu Tübingen gehalten. (Kritische Gänge I, 130–181; 1845)

Wenn es euch eine Trivialität ist, dass die Form dem Inhalte adäquat, dass der Leib Organ seines Geistes sein soll, warum lernt ihr nicht stehen und nicht gehen, warum lehrt ihr es eure Kinder nicht? Habt ihr keine Ahnung davon, dass es ein Auge geben kann, das sehen gelernt hat, ein Gefühl, das Formen fühlt, und ein Herz, das eben deswegen sich empört, sich zu Tode schämt, wenn, wohin man blicken mag, hier aus dem elastisch schwebenden Menschentritt das Wackeln der Ente, das Hüpfen der Elster, ja das ganz mechanische Fortgestoßen- und Getretenwerden sich entbindet, dort die Arme wie Flügel segeln, wie Ruder arbeiten, der Kopf mit geöffnetem Munde vorwärts hängt wie dem durstigen Hunde, die eingesunkene Brust, die hereingedrückten Schultern der herrlichen Organisation spotten, durch welche die Vorderfüße als Arme zurücktreten und daher die Brust sich frei hervorwölben kann? Wenn dort ein Tisch wandelt, ein Sägebock sich in Trab setzt, hier ein Frosch springt, dort ein Vogel schießt, hier ein Elefantenkalb stampft? Wisst ihr wirklich, dass in dem Grade, in welchem der Mensch nicht durch Mühe, Anstrengung, Kunst die Menschheit in seinen Formen durchführt, das Tierische und selbst das Mechanische, was in ihnen zu freier Beseelung verarbeitet ist, sich aus der Bindung befreit und als schwerer Stoff wahrnehmbar hervortritt? Stellt euch nicht, gebt euch keine Mühe, man verlangt es nicht, gesteht nur, euch ist im Grunde jener Satz von der Würde und Bedeutung der Form eine

Torheit, ihr könnt nicht begreifen, wie man sich für diese rein unwesentlichen Dinge interessieren kann, oder richtiger, ihr könnt es nicht ausstehen. Eine gewisse Inauguralrede viel beschrienen Andenkens ließ sich auf diesen schlimmen Punkt ein; ein Schmerz brach hervor, ein gefühlter, ein erfüllter Unwille, eine tiefe, wahre Scham über das Missverhältnis zwischen geistiger und leiblicher Bildung im Gelehrtenstande hüllte sich in ein paar Scherze; niemand ward beleidigt, der Redner schlug sich so gut wie andere –: das war ein Verbrechen! das war ein Gräuel! das war eine Frivolität! So gar nicht konnte man begreifen, dass es mit solchen Gefühlen jemand ernst sein könnte, dass man wirklich meinte, es sei die reine Absicht gewesen, ein paar Witze zu machen, die denn freilich schlecht genug gewesen waren. Seht einmal den elenden Mausfallenhändler an, den Slowaken, der dort mit dem breiten Schlapphut, dem braunen Mantel, den Sandalen über die Straße geht! Bemerkt ihr etwas in dieser Haltung, diesem Gang von einem gewissen Naturschwung, einem freien Gebrauch der Gelenke, einem *tonus* des ganzen Wesens, was wir nicht haben? Seht, das ist ein Anflug von dem, was die Künstler Stil nennen; wollt ihr es aber recht sehen, so schaut euch einen Griechen, einen italienischen Bauern an, stellt euch dann vor Leopold Roberts Schnitter und die Fischer von Chioggia, und wenn ihr eine Spur von Auge und Formgefühl habt, so überzeugt euch, dass der deutsche Bauer eine unbehilfliche

Maschine ist, die ein paar schwere Stiefel mühsam fortschiebt, dass am deutschen Beamten und Gelehrten sein Körper wie ein alter Lumpen herunterhängt. Unsere Bildung ist über einen solchen Gegensatz gegangen, dass wir nur durch Kunst und Bemühung erwerben können, was anderen Völkern, die noch mehr Natur sind, tief in der Rasse sitzt und was gewiss auch unsere Voreltern hatten; denn ich bin überzeugt, dass die Deutschen in ihrem Heroenalter an Würde, Schwung und Adel der Haltung anderen naiven Völkern nichts nachgaben. Freilich auch vormals kam das nicht aus erster Hand der Natur, der Mensch ist immer nur so viel, als er tut; harte Arbeit in Ringschule und kriegerischem Spiel und Ernst aller Art arbeitete die Formen erst so durch, dass diese Schönheit, diese Freiheit, diese Gelöstheit des Organs sich als Rasse vererben konnte. Für uns aber ist es doppelt wahr, dass der Mensch nur ist, was er tut, denn, was verloren ist, wieder gewinnen braucht zweimal so viel Arbeit, als erringen, was noch nicht war; unsere ineinander geschobenen und geklebten Gelenke müssen ganz anders knacken, wenn sie sich erst wieder auseinander wickeln sollen. Unser Körper ist uns davongelaufen, während unser Geist in Amts- und Studierstuben turnte; eine Menge von Unarten und Unformen hat er in seiner Blindheit angenommen, denn er ist ein tölpischer Junge, der nicht ohne Hofmeister gehen darf; wir müssen ihn wieder einfangen, es wird aber kein Leichtes sein.

(…) Auf dem Boden der Wissenschaft hemmen die gesteigerten Forderungen der Examina die freie Bewegung; sucht er vom Schweiße des Brotstudiums Erquickung, so hat er nicht, wo er sich anschließe; der geistlose Bodensatz des alten Verbindungslebens, dem die Rohheit geblieben und der Spiritus entwichen ist, bietet keine Jugendlust; an geselligen Genüssen allgemeiner Art haben die kleinen Städte, worin sich die Mehrzahl der deutschen Universitäten befindet, nichts zu bieten. Er hat hier nichts und dort nichts; er ist ein armes Wesen, er dauert mich.

Das Gefühl dieses Zustandes ist in der Studentenwelt so lebhaft, dass in neuerer Zeit Versuche der Umbildung in ihrer eigenen Mitte hervortraten. Es bildete sich ein Verein, welcher Tilgung des rohen Saufkomments, Aufhebung des Duells, Aufhebung der Landsmannschaften, allgemeine Versammlungen, und in kleineren Kreisen Erhöhung des geselligen Lebens zu geistiger Bedeutung durch umwechselnde Vorträge über wissenschaftlich oder praktisch interessante Fragen durchzusetzen suchte. Allein dieser Versuch konnte nicht durchdringen, es lag kein Lebenskeim in ihm. Es fehlte ihm die Hauptsache: eine positive Form. Eine Masse von Kräften, in der das Blut der Jugend rollt und das ungeteilte Feuer jugendlicher Phantasie lodert, braucht, wenn sie sich organisch zusammenschließen soll, ein Band, das *bildliche, sinnliche Kraft, Anschaulichkeit, Handgreiflichkeit* hat. Daher die Farben, die

Bänder, die Schärpen, die Ausritte, die rohe, aber humoristische Regulierung der Trinkmanieren usw. In dem alten Verbindungsleben war Phantasie, das war der Reiz und blieb es, auch nachdem die Seele entschwunden. Will man das Studentenleben durch höheren, geistigen Gehalt erfrischen –: gut, aber es sei ein Gehalt, der an dem Faden einer ritterlichen Form hinläuft; solange man dies nicht findet, ist alles vergeblich. Nun sollte in den abendlichen Gesellschaften dieses Redenhalten, dieses Sichbilden, dieses höchst instruktive Streben den Mittelpunkt bilden. Die Jugend fürchtet nichts mehr als das Wohlweise und, was nach ästhetischem Tee aussieht; die Jugend will ihrem Zusammenleben den Charakter der Zufälligkeit, der Narrheit oder, wenn es eine Methode sein soll, der phantastischen Methode nicht nehmen lassen. Auch darin fehlte jener Versuch, dass er zu direkt gegen das Duell auftrat. Die Studenten schlagen sich nicht, weil sie meinen, der Tusch sei nicht anders als mit Blut auszuwaschen, die Studenten kennen alle Gründe gegen das Duell sehr wohl, die Studenten schlagen sich, weil es Reiz hat für die Phantasie; sie schlagen sich, weil in unserer mechanisierten Welt, worin durch die allgemeine Teilung der Geschäfte auch die sinnliche Tapferkeit und der lustige Klang des Eisens einem besonderen Stande anheim- und daher diese älteste Liebe des Mannes aus dem Inbegriff von Kräften, die jeden Mann als Mann schmücken sollen, herausfiel, – weil es hier die einzige, erste und letzte Gelegenheit ist, ein ganzer Mann zu sein. Nun ist es freilich töricht, sich für den phantastischen Zweck eines nur scheinbar gekränkten Ehrgefühls oder Korpsbewusstseins der Verstümmlung oder der Schuld der Verstümmlung eines andern, wenn nicht noch Traurigerem auszusetzen; und freilich geht die Phantasie mit ihren der Nachsicht werten Befriedigungen oft in widerliche Renommage über. Allein was das erste betrifft, so suche man nur zunächst die tödlichen Waffen auszurotten. (...)

Intelligente Jugend, darin liegen zwei Gegensätze: Geistigkeit des Strebens und Sinnenfeuer des blühenden Alters. Diese Gegensätze fallen in Arbeit und Erholung auseinander. Den Geist befruchtet das Studium, die Sinnlichkeit sucht ihren Genuss in der Zerstreuung. Haben wir kein bindendes Mittelglied, so wird die geistige Bildung mechanisch und die Zerstreuung roh. So stehen jetzt die Sachen. Wir müssen ein Mittel suchen, das geistigen Inhalt in die Erholung hinüberträgt und die Sinnlichkeit durch edlere Form über sich selbst erhebt. Es muss etwas sein, was glänzt und leuchtet und im Glanze die Tiefe der Bedeutung trägt; eine Lust, worin ein Ernst ist. Dies Band, worin die entgegengesetzten Pole zusammenfallen, ist Schönheit. Nun gäbe es verschiedene Formen der Schönheit. Mehr Kunstgenüsse: sie sind erstens in kleinen Städten nicht möglich, in großen vielfach frivol und von verderblichem Einfluss auf die jugendliche Phantasie; sie vereinigen zweitens nicht die große Masse der Studentenwelt durch ein organisches Band, sondern es bleibt zufällig, von wem und wie vielen sie benutzt werden, und die übrigen treiben sich öd, wüst oder langweilig herum wie vorher. Liebhabertheater hätten zwar auch diesen Mangel, wären aber immerhin eine ganz wünschenswerte Form höheren und schöneren Genusses; man hat sie mit barbarisch mittelalterlicher Askese auf Universitäten verboten und lässt selbst keine Schauspielertruppen zu, die man ja, wenn man durchaus ängstlich sein zu müssen glaubt, in der Auswahl ihrer Stücke kontrollieren könnte.

Ich komme dahin, wohin diese Bemerkungen zielen. Ich halte eine durchgängige gymnastische Organisation für das rechte Band und habe dabei eine Gymnastik im Auge, worin das so genannte Turnen, das bei all seinem großen Werte doch für sich allein nie genug Reiz üben wird, nur die Stelle einer Vorübung einnähme, die Spitze des Ganzen aber in militärischem Exerzitium bestände, von welchem das Fechten einen regelmäßigen Teil bildete. (…)

Das akademische Leben und die Gymnastik.
Ein frommer Wunsch.
(Kritische Gänge III, 385–401; 1845)

Mode

Du ahnest schon lange, lieber Leser und Leserin, dass es vor allem auf die *Krinoline* abgesehen ist. Mit ihr haben wir allerdings anzufangen, und wir werden auf sie zurückkommen. Gehen wir nur sogleich ans Werk und nehmen verabredetermaßen zuerst unsern niedrigeren Standpunkt ein, indem wir die Sünderin am strengen Kanon der Vernunft messen. Da müssen wir denn lauter Dinge sagen, die jeder Mensch von einigem Verstand und Geschmack auch ohne uns recht wohl weiß; wir müssen alles Wesentliche, was gegen die Angeklagte gesagt ist und gesagt werden kann, konzentriert noch einmal sagen; denn wir sind genötigt, uns die Unvernunft als solche ganz zum Bewusstsein zu bringen, ehe wir untersuchen, warum sie doch besteht, allem Hohn, allen unzähligen Witzen und frechen Karikaturen zum Trotze besteht und bestehen wird, bis – Doch greifen wir nicht uns selber vor!

Der Maßstab aller Schönheit für die Formen der Kleidung ist natürlich nichts anderes als der menschliche Körper selbst. Nicht als ob ein großer Spielraum willkürlicher Abweichungen nicht einzuräumen wäre.

Es muss noch andere Stilprinzipien geben als das antike, nach welchem das Gewand ein reines Echo der organischen Linien war; die unruhigere, durch Brüche sich bewegende Phantasie der neueren Zeiten, die malerische Art der Auffassung muss auch ihr Recht haben; Farbe und tausenderlei Verzierung versöhnt mit mancher kühn ausbiegenden Linie. Dennoch bleibt jenes Gesetz stehen; was die Natur gebaut hat, darf nicht allzu weit übersprungen, nicht misshandelt, verzerrt werden, und wir behaupten: die Krinoline gehört nicht unter jene Ausweichungen, welche innerhalb des zulässigen Spielraums liegen.

Solange die Welt steht, suchen Mann und Weib die spezifischen Schönheiten des Geschlechts in ihrer Kleidung hervorzuheben. Schlankheit ist die erste Frage bei der weiblichen Gestalt, nachher erst sieht man auf die Schönheit des Einzelnen. Die Schlankheit sitzt im Verhältnis der Hüfte zu der Stelle zwischen den Rippen und den Hüftknochen, der so genannten Weiche oder der Taille des Leibs. Hier zieht sich die schlanke Gestalt eng und schmal zusammen, um dann voll und breit auszuquellen. Es ist ein Verhältnisbegriff: ein Weib kann kräftig breit über der Hüfte sein, und diese Stelle kann dennoch schmal erscheinen durch die noch kräftigere Entfaltung der Hüfte; aber es ist nur natürlich und erlaubt, hier der Natur nachzuhelfen und durch straffere Zusammenziehung über der Hüfte, wohl auch durch Vermehrung des Kleidungsvolumens, das von hier ab den Leib umgibt, das Verhältnis zu stärken und zu akzentuieren, wenn dies nur nicht so weit geht, dass man vergisst, wie es sich eben um einen Verhältnisbegriff handelt. Dann wird für alle Gestalten ein Grad von Dünne über der Hüfte verlangt, wie er nur der magern Gestalt zukommt, und unterhalb dieser Stelle auf das Übermaß losgearbeitet, von dem wir weiterhin zu sprechen haben. Es hat Zeit gekostet, bis die Menschheit zur Erkenntnis jenes leitenden Hauptsatzes in der weiblichen Kleidung durchdrang; die Volkstrachten wissen bis heute in wenigen Gegenden etwas von der Taille; sie lassen die Gürtung oder das Ende des Oberkleids nicht mit der Stelle zusammentreffen, wo sich der Leib über den Hüften zu seiner schmalen Mitte einzieht, sondern lieben es, hoch, ja mitten über Busen und Rippen zu gürten und von da abwärts nicht auf Breite und Fülle zu arbeiten, sondern einen Umriss zu schaffen, der an Geradheit des Falls auf allen Seiten das Lineal beschämt.

Die Griechinnen gürteten sich freilich auch ganz hoch, just unter dem Busen, aber das weiche, wenig genähte Kleid fiel von da herab an der Hüfte so auf, dass es sie durch natürliche, bewegliche Falten nur umso schöner hob und zeichnete; daher war es verrückt, dass die französische Mode der Revolutions- und ersten Kaiserzeit mit modern geschnittenen und genähten Kleidern das griechische Verhältnis nachahmte. Das war aber ein Extrem gegen ein anderes Extrem, nämlich gegen den Reifrock und die furchtbare Einpressung der Leibestaille, das war Übermaß der Opposition. (…) Genau wie heute meinte man damals den Reifrock rechtfertigen zu können mit der angenehmen, zweckmäßigen Kühle, welche die Glieder darunter genießen, und genau wie damals fragten andere, warum man denn im Winter, wo man nicht Kühle, sondern Wärme sucht, das luftige, weite Rund nicht mit einer mäßigeren Form vertausche? Dies führt uns freilich auf eine Hypothese über die Entstehung der Krinoline, die so beißender Art ist, dass ein anderer als ein gründlicher Philosoph der Geschichte meinen müsste, sie allein sollte hinreichen, jedes Weib, das erröten kann, vor dieser Mode abzuschrecken. Indem wir sagen, was uns darauf führt, ist die verwünschte Hypothese zugleich mit ausgesprochen: man will nämlich auf Seiten der Mediziner wissen, dass jene so belobte Kühle schon Erkältungen mit sich gebracht habe, welche ein verderblich vorschnelles Ende eines Zustandes herbeiführten, den zu verhüllen der ursprüngliche Zweck der Krinoline sei. Doch befassen wir uns als rationelle, vernünftige Denker nicht weiter mit mystischen Dingen, sondern bleiben bei unserem Leisten, kommen zur Sache!

Nun, und so sagen wir denn: die Krinoline ist eine Übertreibung, welche die Schönheitslinie der Schlankheit nicht verstärkt, markiert, sondern verzerrt, aufhebt, einen falschen Begriff des weiblichen, des menschlichen Baues gibt. Wenn die Konturen von der Hüfte an in das ganz Unmögliche toll auslaufen, so fragt das Auge nicht mehr nach dem Verhältnis der Ausquellung zu dem schmalen Durchmesser der Leibestaille; alles ist eins, niemand ist schlank, niemand unschlank, es gibt in der phantastischen Lüge kein Gesetz mehr. Und das ist nun doch gewiss hässlich, sehr hässlich!

Nehmen wir's aber noch etwas genauer und sehen zu, was für einzelne Schönheiten in dieser Hässlichkeit zugrunde gehen, sodass man dieselbe nur mit einem herzlichen: schade! schade! betrachten kann. Geopfert, in Missform verkehrt wird der unendliche ästhetische Vorteil der weiblichen Gewandung überhaupt; er liegt im Faltenflusse des langen Kleides. Der ungebrochene Zug der reichlich ergossenen Falten lässt die Gestalt größer erscheinen als sie ist, wirkt wie ein erhaltener Rest der stilvollen antiken Gewänder, hat daher einen idealen Charakter und ist nicht die kleinste der Ursachen, warum das Weib dem Manne zum Symbol des Harmonischen, zum Idealbild wird und ihm festlich, wie ein Geist aus milderen und reineren Regionen vor Augen tritt. Schon die Besetzung der Kleider mit breiten Volants stört und bricht dieses schöne Ganze und hebt die scheinbare Erhöhung der Gestalt auf, indem das Auge mit jedem neuen Stockwerk zu einer neuen Figur überzugehen glaubt. Jene wüsten Schreierinnen vollends, die für kurzen Rock und Hosen in Amerika aufgetreten sind, verdienen den ganzen Abscheu ihres Geschlechts. – Das lange Kleid verhüllt nun zwar die Formen, aber nicht, ohne sie erraten zu lassen; bei manchen Bewegungen und Stellungen prägt sich die Bildung der Hüfte, des Beines im Gewandstoff aus, bei Anstrengungen oder wenn ein schalkhafter Bote des Äolus ihn fest an die Formen presst, oft in aller Anmut der plastischen Linie. Eine besondere Schönheit bringt die Bewegung hinzu. Hat ein Weib den rhythmischen, schwebenden, musikalischen Gang, das unbeschreibliche Neigen und Beugen, das sich so rührend in Sinn und Phantasie einschleicht, so erscheint der große, schwungvolle Faltenzug wie eine poetische, reizende Fortsetzung und Erweiterung des schönen Bewegens der Glieder, wie eine Variation über das Thema. Und nun die Krinoline! An die Stelle des schwungvollen Faltenflusses nach der Tiefe setzt sie die Aufbauschung in die Weite, an die Stelle des Hohen das Runde und Breite, die Ausspannung nach allen vier Weltgegenden, an die Stelle der schönen Natur das Fass, den Hühnerkorb, die Glocke. Keine Form kann sich darin ausprägen, weil keine an das weite Gehäuse anzuliegen kommt, und nebenbei ist nicht zu übersehen, dass das Gestell einen geometrischen Kreis darstellt, die Figur also, von der Seite gesehen, nicht bloß nach hinten (was, mit einiger Maßhaltung bewerkstelligt, ganz in der Ordnung wäre), sondern auch nach vorne aufgetrieben, aufgebauscht erscheint. Nun fällt aber natürlich auch das schöne Echo der Gliederbewegung im Gewande weg, keine schwebenden Falten begleiten sie, führen sie weiter, vervielfältigen sie, ja das Kleid folgt nicht nur nicht dem Leibe, sondern, zum selbständigen Mechanismus geworden, agiert es nach dem ersten Anstoß, den es durch die Bewegung erhalten, für sich, schwingt sich nach seinen eigenen Gesetzen hin und her; das Weib geht vorwärts, die Glocke, worin sie steckt, dreht im Kreise. Wie man's nur aushalten kann! (...)

Wir möchten hier noch etwas anmerken; es ist ein zarter Punkt, den wir schwer in das bestimmte Wort zu fassen vermögen. Es gibt gewisse plötzliche Schwenkungen im weiblichen Gang, recht merklich kokett, und doch braucht eine Dame noch lange keine Kokette zu sein, um mit dieser furchtbaren Waffe die Männerherzen schockweise zu erobern. Kennern brauchen wir nicht zu sagen, dass sie nur im Vorübergehen, im Abgehen, dass sie nicht von der Vorderseite, sondern von der Rückseite sich präsentieren; die Spanier legen einen ungeheuren Wert darauf, haben einen eigenen Namen dafür, der uns entfallen ist, und flüstern gern einer vorübergehenden Schönen ein Wort der Bewunderung zu, um zum Dank eine solche Lazertenbewegung als Augenschmaus zu bekommen. Wie sollte in einer Krinoline diese reizende Schwenkung, Schwankung, Wackelung möglich sein? Es würden nur einige Reife in unorganische, geometrische Drehung versetzt.

Wir halten uns nun nicht weiter bei dem Lächerlichen dieser Kreisbewegungen auf, sondern schreiten in ordentlicher logischer Methode zu unserem zweiten Satze fort: die Krinoline ist impertinent. Impertinent natürlich schon wegen des großen Raumes, den sie für die Person in Anspruch nimmt. Allein das ist noch viel zu allgemein, zu abstrakt gesprochen; nein, impertinent wegen der ungeheuer herausfordernden, augenfälligen Beziehung auf den Mann. »Willst du«, so spricht die Krinoline zum Individuum männlichen Geschlechts, das ihr in die Nähe kommt, »hinunter übers Trottoir, oder willst du's wagen, mich anzustreifen, zu drücken? Willst du da neben mir auf dem Parkettsitz mein Kleid auf den Schoß nehmen oder darauf sitzen? Fühlst du die eisernen Reife? Fühlst du die uneinnehmbare Burg, den Malakoffkranz, den entsetzlichen Gürtel der Tugend, der an deine Waden drückt?« – Wir werden frivol? – Oh, reizende Leserin, für so unschuldig wirst du selbst uns dürre Gelehrte nicht halten, dass du glaubtest, wir wüssten nicht, was Kleider bei dem schönen Geschlechte sind und bedeuten, wir meinten, sie könnten je etwas anderes sein als eine Welt von Beziehungen, Andeutungen, eine schweigend beredte Sprache, eine Rüstkammer sanfter Fragen, furchtbarer Abweisungen, rührender Bitten, grausamer Drohungen, glühender Geständnisse, kalter Verschließungen, oder es wäre uns verborgen, welche unter diesen Rüstzeugen die mehr verführerischen seien, die entgegenkommenden oder die abschreckenden, wir zweifelten, was den Mann kühner mache, wenn man ihm lockt, oder wenn man ihn in eine Ecke drückt. – »Aber, unsittlicher Mensch, erkennst du denn nicht, dass ein Kleid, das von den wirklichen Körperformen so weit absteht, dass es gar kein Bild von ihnen gibt, das allersittsamste ist?« – *Au contraire*, im Gegenteil, *anzi, anzi!* Der Kontrast ist es, der reizt, die Entstellung, welche über die wahre Gestalt, über die Naturgeheimnisse mit geschärfter Neugier nachzudenken nötigt, welche den gründlichen Forscher anleitet, abzuwarten, bis etwa eine jener Kreisschwingungen mehr gesteht als das Kleid selbst (...).

Schließlich hätten wir noch den Satz auszuführen: die Krinoline ist unbequem. Wir wollen uns freilich nicht lächerlicher machen als durchaus nötig ist. Es wäre auch gar zu naiv, nicht zu wissen, dass man der Schönheit schwerere Opfer bringt als der Bequemlichkeit, ja selbst der Tugend, und wäre die Krinoline nur schön, so dürfte sie noch zehn Mal unbequemer sein, als sie ist. Nur wenn ausgemacht wäre, dass sie nicht schön ist, läge darin die Vollendung der Verkehrtheit, dass sie zudem noch sehr unbequem ist. Uns scheint es nun freilich ausgemacht; allein eine gewisse Art von Reiz haben wir allerdings ihr zugeschrieben, und die Unbequemlichkeit wird nun von den zarten Händchen als ein Motiv benützt, diese Art des Reizes noch zu verstärken: das Kleid wird im Gehen vorne zierlich in die Höhe genommen – welches Herz kann da widerstehen!

Nun wollen wir vorerst Halt machen. Von andern Stücken der neueren Frauenmode soll nachher die Rede werden; wir bleiben für jetzt beim Hauptstücke stehen. Wir haben nun zu erklären, wie es denn komme, dass eine solche Missgestalt aufkommen konnte und sich bis heute halten kann, wir schicken uns an, für unsere Grobheit den Leserinnen eine glänzende Satisfaktion zu geben.

Heraus denn mit dem Wort, auf das wir es vor allem angelegt haben: die Schuld liegt nicht am Weibe, sondern am Manne. Die Männermode war weibisch geworden, da wurde die Weibermode männisch. Der Mann bot die Blöße, öffnete die Bresche, in welche das Weib mit Pomp und Triumph, mit fliegenden Fahnen, aufgebauscht, aufgebläht, ein wandelnder Luftballon, eine geschwollene, rasende Dampfnudel eindrang. (...)

Schlaff, schlaff! hat uns jeder Zug dieser Männerkleidung zugerufen; doch nein, das Wort ist nicht zureichend; blasiert! blasiert! höllisch blasiert! Und vornehm, so recht aristokratisch blasiert! Das ist die Predigt, die aus diesem Affenkittel mit den engen Hosen hervorschallt. O, wie ländlich, wie naiv wäre es, so spricht diese Mode, irgendein Pathos zu haben, auf irgend etwas gespannt, für irgend etwas warm zu werden, irgendein straffes Wollen kundzugeben, ausgenommen etwa in Aktien, in Papieren! O, wir sind müd, müd, stumpf, lahm, abgereizt bis auf den letzten Nerv! O wir lassen die Welt laufen, wie sie läuft; es ist doch alles Streben kindisch, und zum Zeichen dieser unserer Reife soll an uns alles teils hängen, schlottern, lottern, teils dürr und steckenhaft sein. – Und als der Verfasser dieser vernünftigen Gedanken den ersten Jüngling mit dem allermodernsten Hemdkragen auf der Eisenbahn einsteigen sah, so meinte er allen Ernstes, einen Pfaffen zu sehen; denn dieser weiße Streifen läuft ja in gleicher Höhe niedrig um den Hals, wie das bekannte Kollar des katholischen Klerus, und der lange Kittel war zudem schwarz. Als er den Weltmenschen neuester Mode erkannt hatte, begriff er, was auch dieser Hemdkragen heißen will: O, uns ist alles, alles eins, auch die Konkordate! Warum nicht! Sollen wir für Aufklärung schwärmen wie edle Jünglinge? Ist nicht Hierarchie vornehmer als die Plattheit seichter Geisterbefreiung, die am Ende immer darauf geht, den noblen Menschen im Genusse zu stören? – Zudem gibt dieser Kragen, da er den Hals in gerader, scharfer Linie rund umschneidet, so etwas angenehm frisch Geköpftes, was so recht zum Charakter des Blasierten stimmt.

Zur Farbe müssen wir noch etwas hinzufügen. Dass ein gebildeter Mensch keinerlei ungebrochene oder nur überhaupt kräftig ausgesprochene Farbe auf dem Leib tragen darf, ist ein längst bekanntes Axiom unserer modernen Gesellschaft. Doch duldete die Tracht der vorigen Jahre, freilich neben unseliger Neigung zu den verschiedenen Übergängen des Violetten, noch ein ziemlich kräftiges Blau und Grün. Die letzte Mode erst lässt durchaus nur noch Missfarben zu, und besonders vorgezogen wurde zunächst das so recht innig an den Schmutz erinnernde Braungrün. Daneben war natürlich wie vorher Schwarz beliebt; neu aber kam auf das

Graue. Und dies war sehr richtig gefühlt; die vollendete Mattheit und Schlaffheit im Schnitt musste sich mit der Farbe der Waisenbubenuniform vermählen; das ganz Blasierte ist farblos, selbst Schwarz ist ihm zu entschieden, grau, grau, wie die Seele drinnen, musste der Kittel werden. (...)

Es bleibt uns aber noch etwas zu sagen über die Frisur. Wir müssen unsern Apoll umdrehen und von hinten angucken. Und hier verzeihe man uns, wenn wir nicht im eigenen Namen reden; wir mögen die groben, wüsten Dinge, die wir hier sagen müssen, nicht auf die eigene Verantwortung nehmen.

Steig also herauf, alter, lustiger, närrischer Wörterschnörkler Fischart, und lass vernehmen, was du zu der Erscheinung sagen würdest! Aber ehe wir dich zum Worte kommen lassen, bitten wir die zarte Leserin, die Stelle zu überschlagen, und bemerken zu ihrer Warnung ausdrücklich, dass sie mit Anführungszeichen beginnt und endet.

Schon glaube ich unsern derben Ahn zu vernehmen, wie er also spricht: »Was willst nun noch, lottericher, schlottericher, armfuchtelicher, matter, schlaffer, flattericher, tappicher, engbrüstiger Aff, Weiberknieschiebender, dürrwadiger, lendenfetter, verklemmter, Ross- und Kuhdreckfarbiger, regenwetterisch grauer, hungerleiderischer Lump, der die Hosen am Arm und die Ärmel an den Beinen trägt, was willst nun noch? Haben die Läus nit gnug Waldweg und Fußsteig auf deinem Grind? musst ihnen noch die breite, weiße Lauslandstraßen über den Hinterkopf dämmen, schwemmen und kämmen, bauen, krauen und stauen? Sollen die Tierlein umso bequemer hintenüber prozessieren und marschieren, auf dass sie sehen, dass nichts hinter dir ist, wie nichts vor dir? Meinst wohl, ein schöne Frauen werde dich umso lieber küssen, wenn die unsaubern Hausleut ins Genick gewallet und gewandelt seien? O pfui Teufel! ich möcht' auch wohl, wenn ich ein ehrlich deutsch Weib wäre, so einen ausgeblasenen, ausgetunkten, ausgesupften und ausgetupften Brocken vom wälschen Tisch, so einen mürben, pelzigen Kohlrabistängel, so ein faales, altes Kohlblatt, das am Abgussstein in der Kuchen herunterhängt, an mein Herze drücken, fügen und schmiegen« usw.

So würde ein Mann des sechzehnten Jahrhunderts sprechen (…)

Und nun kommen wir auf unsern Ausgangspunkt, die weibliche Mode und ihr Hauptstück, die Krinoline, zurück und sagen zuerst einfach: was Wunder denn also, da der Mann so weibisch, so zahm, so breiweich auftrat, dass das Weib ein Kleid anlegte, das nicht etwa bloß schreit, nein, wettert, flucht, donnert, sodass man nie mit so viel Recht von »Aufdonnern« reden konnte? ein Kleid, das auf den ersten Blick schon ruft: alle Hagel, Kreuz-Stock-Schwere-Not, Bomben-Element, noch einmal, ich bin da, ich brauche Platz für zwei, vier, sechs! – Wenn der Mann Weib wurde, was Wunder, dass das Weib nicht nur Mann überhaupt, sondern nur gleich Husar, Dragoner, Kürassier wurde? dass sie nun zum ungeheuern Rock auch noch die hohen Absätze an Schuh und Stiefelchen nahm, um recht bubenmäßig dreinzutrappen? und dass sie den Amazonenhut mit wallender Feder schief aufs Ohr setzte, unsere Angströhren zu verhöhnen? Wie könnt ihr darüber schelten? Würden's die Väter und Ehemänner nicht leiden, so würden die Weiber nicht so über die Schnur hauen. Die Männer muss man anklagen, wenn die Frauen aus Rand und Band gehen. (...)

Zum Schlusse versichern wir noch einmal, wie wir bei all unserem Schelten sehr wohl wissen, dass wir es nicht mit Blinden, sondern mit Sehenden zu tun haben. Unser Zutrauen zu der Kraft des Bewusstseins im Menschengeschlecht ist so groß, dass wir ernstlich glauben, es seien derjenigen, welche verrückte und abgeschmackte Formen der Kleidung ohne Ironie tragen, nur sehr wenige. Und indem wir den freien Unfreien, den Leuten, welche die Tollheit mitmachen und zugleich darüber lächeln, ins Auge blicken, meinen wir in ihren Blicken eine kleine Nebenfrage zu lesen, so einen kleinen Kitzel von Neugierde, so ein bisschen Persönliches. Was tun, so lautet diese prickelnde Frage, was tun? Die Mode herrscht einmal diktatorisch; wer sich ihr entgegenstemmt, wird lächerlich. Du nun, höchst vernünftiger Schreiber dieser Gedanken, unbekannter Freund oder Feind, wir möchten doch wissen, was du tust? – Mit einem Seufzer bekennt euch der Unbekannte: er hat diesmal – nicht mitgetan. Aber weit entfernt, im Tugendstolz auf seine Mitchristen herabzusehen, die der Strom fortgezogen, gesteht er ihnen noch eine besondere, fast unüberwindliche Schwierigkeit, welche sich solcher finstern Negation entgegenstemmt. Sie liegt im Schneider.

Ist eine Mode abgetan, so verliert der Schneider in kurzer Zeit Sinn, Organ, Auffassung, Griff und Schick für ihre Formen. Schneider sind ungeheuer positive Bürger im Staate der Mode; bezeuge mir es jener ernste Berliner Meister, dem ein Kunde einen kühn konzipierten Frack zeigte, den er von einem revolutionären Künstler in Paris mitgebracht. Er umwandelt ihn mit prüfendem Auge und ruft dann aus: »Der Frack ist gut, aber zu subjektiv gedacht!« – Aber nicht nur dies; wagt es ein Kleiderkünstler, der Mode zu opponieren, geht er mit hoher Selbstüberwindung daran, ein Bauwerk nach dem vergangenen Stil zu entwerfen, so glauben ihm seine Bauleute, die Gesellen, nicht, dass dies ein Willensakt sein könne; sie meinen, er sei gesunken, er sei gestürzt in die Tiefe, wo die obskuren Winkelschneider in grauen Schatten wohnen, sie verachten, verhöhnen ihn, treiben es bis zur Rebellion, drohen ihn zu verlassen. O, mühsam hat Schreiber dieses einen Mann gefunden, der die doppelte Kraft besaß, beim Aufbau eines Rockes nach dem Schnitte der Vierzigerjahre sich selbst und dies furchtbare Element zu besiegen. Er siegte. Edler!

Stünde es in meiner Macht, dir würde ein Monument gesetzt. Der Gedanke hat mich beschäftigt. Zuerst flüsterte mir die Eitelkeit ein: eine Gruppe, er und ich, ein Lorbeerkranz, den wir beide halten. Ich habe ihn weggeworfen, diesen Gedanken, nicht nur wegen seiner Eitelkeit, nein, auch weil ich ihn künstlerisch nicht zu entwickeln vermochte. Die Erinnerung an die Goethe- und Schillergruppe ließ sich nicht abweisen. Welcher von beiden sollte hier den Kranz halten, welcher danach greifen? Und sieht das Greifen nicht mehr oder minder immer doch wie ein gelindes Rapsen aus? Die Idee aber, einen großen Kranz zu konstruieren, der uns beiden die Köpfe umspannte, führte wiederum auf Unkommlichkeiten, und so leitete Ästhetik und Moral mit gleicher Macht auf eine einzelne Statue. Du stehst kühn, im Selbstgefühle des moralischen Sieges etwas wild emporschauend, in der einen Hand mit geistreichem Schwung die Schere zum Schnitt bewegend, in der andern das Tuch zum Rocke haltend. – Erz. – Du selbst, um deine Person für sich gegen die große Frage indifferent zu halten, im Frack. Große neue Idee: die Schöße in Scharnieren beweglich, sodass der Wind eine graziöse Bewegung in die Gestalt bringt; das bewegliche, versatile Element im Schneidercharakter kommt dadurch zu seinem Recht im Gegensatz gegen den strengen, unerbittlich willensfesten Ausdruck der Züge. Zu den Füßen des Helden bezwungene, in machtlosem Trotz murrende, gefesselte Schneidergesellen. Auf drei Seiten des Postaments Reliefs, das eine den Rock der Vierzigerjahre darstellend, am Leibe von Jünglingen, die begeistert die Nachricht der Revolution von 1848 vernehmen; das andere den Sturz dieser Mode durch eine Barrikadenszene von 1849; das dritte eine Gruppe blasierter Stutzer im spöttlichen neuesten Habit, auf einem Korso stolzierend, lorgnettierend; auf der vierten Seite aber, der Vorderseite, müssten die Worte des Dichters prangen:

Wenn einen Menschen die Natur erhoben,
Ist es kein Wunder, wenn ihm viel gelingt;
Man muss in ihm die Macht des Schöpfers loben,
Der schwachen Ton zu solcher Ehre bringt.
Doch wenn ein Schneider von den Lebensproben*
Die sauerste besteht, sich selbst bezwingt,
Dann kann man ihn mit Freuden andern zeigen,
Und sagen: das ist er, das ist sein eigen!

Vernünftige Gedanken über die jetzige Mode.
(Kritische Gänge V, 339–365; 1859)

* Bei Goethe lautet die fünfte Verszeile: »Doch wenn ein *Mann* von allen Lebensproben«.

Lassen wir die Reihen der Zerrbilder noch einmal vor uns auftauchen, welche dieser schwache Versuch vor Augen geführt hat, denken wir sie wie einen Maskenzug an uns vorüberzappelnd, so weiß man nicht, ist's zum Lachen oder Entsetzen. In der Tat, man hat sehr ungleiche Stunden, wenn man über die Straßen geht und umschaut oder in der Erinnerung durchläuft, was man gesehen. Wen ein Gott damit gestraft hat, durchzuzeichnen, unter die im Schein gegebene Form die wahre als Folie zu setzen, wehe dem Armen! Bei Tage geht's noch, das nüchterne, verständige Tageslicht bringt die Stimmung zum *komischen* Vergleich zwischen Natur und Ungeschmack; wiewohl mir meines Teils, ich gestehe es, immer wieder ein Zorn dazwischen fährt, dass ich mich zusammennehmen muss, nicht wenigstens die schnödesten Karikaturen mit der Frage anzuschnauzen, ob sie denn die Natur und Menschenwürde aber auch ganz mit Füßen treten wollen. Doch man schluckt's hinab und lacht wieder. Aber abends, wenn Phantasie und Nerven aufwachen, nachts in der Schattenwelt des Traumes, da kommt's anders. Da heben sie sich wie Geister aus den Grüften der Tageserinnerung und kommen über den stöhnenden, alpgedrückten Schläfer wie jene Schemen, die den heiligen Antonius auf den niederländischen Bildern umspuken, wie rasende Trabantengöckel mit wilden Kämmen und flatternden Schwänzen, wie Ungeheuer der Urmeere und des Urschlamms mit paukenartigen Bäuchen, geflügelte Eidechsen mit Krokodilrachen, Rochen mit Zylindern auf dem Kopf, Polypen ohne Kopf mit scheußlichen Fangarmen, ganz dekolletierte Walfischmütter, Seeschlangen mit Chignon, Alligatoren mit Frackschwanz, riesige Urhaie in Bettkitteln, Dürrteufel ohne und Dickteufel mit hoch geschwollenem aufgebauschtem Hintern, – eine wilde Jagd, Wodans wütende Meute, ein Larvenzug, ein Hexenelement, alle Fratzen der Wolfsschlucht – und in Schweiß gebadet röchelt das halbtotgehetzte Opfer. (...)

Nun, und der Schluss? Doch nicht gar noch ein Vorschlag? Gar noch so weit abfallen von dem guten Vorsatz, nur zu registrieren, nicht zu dozieren?

Ach ja, mit holder Scham müssen wir gestehen, wir haben noch einen Vorschlag *in petto*, wir wagen es, uns dem Gelächter preiszugeben bis zu diesem Äußersten.

Nur dürfen die Spötter nicht hoffen, dass wir ihnen den Spaß machen werden, eine deutsche Tracht vorzuschlagen. Wir haben es ja gleich vornherein belächelt, dass einige wohlmeinende Frauenseelen zur Kriegszeit mit Artikelchen solches altgermanischen Inhalts in Lokalblättchen hervortraten wie »ein Edelknecht, sanft und keck«. Thusnelda-Schnepp, Rock, Weste, Gürtel und Locken des armen Sand schlummern seit 1820 in der Rumpelkammer. Wir können nicht aus der Mode heraus, denn wir stehen mitten im Völkerkontakt, und die Mode kennt keine Völkertrachten. Wir fressen keine Eicheln mehr, und als wir sie noch fraßen, hatten wir keine Tracht, sondern begnügten uns mit Wolf- und Bärenfellen. Aber da die Mode doch die Kleidform der geweckten, helleren, obwohl darum noch lange nicht vernünftigen Menschheit ist und da es in dieser doch auch Einige gibt, die sich Freiheit und Vernunft retten, so sollte man meinen, diese könnten durch Zusammenschluss doch so viel erreichen, dass in irgendeinem Umfang menschlicher Wohnsitze nur wenigstens den verrücktesten Auswüchsen der Mode Halt geboten würde.

Nun haben wir zugegeben, dass die Ordonanz der Mode für das Weib lautet: lieber mit allen frech als auffällig durch Abweichen von dem, was alle tragen! Tragen sich Alle frech, so ist die Frechheit, nicht zu tragen, was alle tragen, doch die größere! Wirklich, mit Fingern auf sich zeigen lassen, fordert fast übermenschlichen Mut. Die Einzelne vermag nichts. Wie wär' es denn nun aber, wenn Viele zusammenstünden? Ich meine so: etwa zweihundert, dreihundert Frauen in einer großen Stadt tun sich zusammen, beraten mit Künstlern von Geschmack eine vernünftige Form, – versteht sich, nichts Gesuchtes, nichts Theatralisches, auch nichts puritanisch Einfaches, nur einmal jedenfalls Rückkehr zum Kleid mit einfach fallenden Falten, im Übrigen wird Spielraum gelassen, werden bloß einige Linien gezogen für mancherlei passende, nur Unsinn vermeidende, doch den Einzelnen noch persönliche Wahl anheimgebende Zier in Kopfputz, Schmuck,

Überwurf und anderen Dingen. Sämtliche Mitglieder dieser Liga verpflichten sich eidlich, an *einem* Tag, womöglich zu derselben Tageszeit, in den neuen Kleidern öffentlich sich sehen zu lassen.

Die Verschworenen begeben sich in Begleitung von Männern, Brüdern, Verlobten, Onkel – kurz, was sie für Beschützer haben mögen, – in die Werkstatt von Schneiderinnen, Näherinnen, Putzmacherinnen. Besagte Männer versehen sich zu diesem Gang mit guten Revolvern (»bewaffnet sie mit Piken« sagt Buttler); sie legen diesen Künstlerinnen die Musterzeichnungen vor und erzwingen sich unter Androhung augenblicklichen Todes das Gelübde strikten Gehorsams in der Ausführung. Dass es anders nicht geht, leuchtet ein.

Gut. Wenn nun die Gehäuse fertig sind, so führen die Eidgenossinnen aus, was sie sich geschworen. Freilich können nicht dreihundert zusammengehen, doch nicht anders als in Trüppchen sollen sie ausschwärmen und übrigens, wie gesagt, gleichzeitig. Auf den Straßen wird es geben ein Hälserecken, ein Einanderanstoßen mit Ellenbogen, ein Mundwinkelzucken, ein Flüstern unter den feineren Damen, ein Stehenbleiben, laut Lachen, Fingerzeigen unter gröberem Volk; aber all dies trifft erstens nie *eine* allein, zweitens muss es nach ganz kurzer Zeit in sich selbst ersticken, denn der Spottchor wird schlechtweg erdrückt von der Menge. Und, – was wetten Sie, meine edlen Heldinnen? – ein paar Tage darauf hängen die reinen Normen, als deren lebendige

Organe Sie sich hervorgewagt haben, an allen Putzladenfenstern, und in vierzehn Tagen ist die Affentracht der Mode mit Schmach aus dem Felde geschlagen, ist genau so lächerlich, so unglaublich, wie dem Gänsevolk bei dem ersten Blick Ihr anständiges neues Kleid erschien, und die Frechheit kann sich nicht mehr unter den Satz verstecken, es sei frecher, sich anders zu tragen als alle.

Ich bin fertig.

»Kardinal, ich habe das Meinige getan, tun Sie das Ihre!« (...)

Wieder einmal über die Mode.
(Kritische Gänge V, 369–417; 1878)

Traum

Der Gegenstand ist helldunkel, die Forschung über ihn soll hell sein; um hell über das Helldunkle zu denken und zu schreiben, wird aber der Mann, der das will und soll, doch im Helldunkel seines Gegenstandes zu Hause sein, durch eigene Erfahrung ihn reichlich kennen und etwas von seiner Natur im wachen Denken selbst lebendig nachfühlen müssen; das wird sich in seine Arbeit nun notwendig hineinziehen, und so wird sie eben doch selbst auch etwas Helldunkles bekommen; es wird sich nur fragen, ob sie dennoch licht ist und Licht bringt (…).

Die Physiologie hat inzwischen natürlich nicht versäumt, sich mit diesem Dämmerleben des Gehirns im Schlafe zu beschäftigen. Mit wenig Erfolg. Wir kennen den Schlaf als den Zustand, worin das Gehirnleben und die Reizempfänglichkeit des ganzen Nervensystems gegen den vegetativen Lebensprozess zurücktritt, dessen Funktionen ihm den Stoff ersetzen, an den seine psychische Tätigkeit gebunden ist, und der durch sie periodisch erschöpft wird; wir wissen, dass im Schlaf die Sinne (relativ) geschlossen sind, dass jene Aktionen des Gehirns ruhen, welche die klare höhere Geistestätigkeit – vermitteln, wollen wir zunächst oberflächlich sagen; wir wissen daher, dass, wenn dennoch gewisse geistige Aktionen in diesem Ruhezustande fortwirken, ihnen die Leitung der Vernunft und des Willens, sowie die Kontrolle der offenen Sinne mit ihren Wahrnehmungen abgeht. Allein, was bei diesen gewissen Aktionen, deren Fortwirken der Traum bestätigt, im Gehirne vor sich geht, wissen wir nicht und werden wir nie erfahren. Es ist in Wahrheit eine furchtbare Lücke. Wir kennen das seltsame Assoziationsspiel der Vorstellungen im Traum: welche Schwingungen, Strickungen, elektrische, magnetische Strömungen, Hinüber- und Herüberzuckungen mögen ihnen zu Grunde liegen? Was geschieht überhaupt in diesem Nervenzentrum, wenn ein Bild innerlich gesehen wird? Was, wenn zwei oder mehrere zusammenschießen? Wie mag es in ihm hergehen, wenn dies so wild geschieht wie im Traume, und wie dagegen im wachen Zustande, wo andere Partien des Gehirns so fungieren, dass diesem Spiel der ungeordneten Kontakte Einhalt geschieht, Maß, Ordnung, vernünftiger Zusammenhang geboten wird? Wir wüssten, wenn wir dies Physiologische wüssten, nichts anderes, als was wir psychologisch von Traum und Wachen wissen; aber wir wüssten, was wir wissen, vollständiger, nämlich eben auch psychologisch vollständiger. (...)

Die Versuchung, den Traum geringschätzig zu behandeln, liegt allerdings der Philosophie nahe, denn sie geht auf Ordnung und Einheit, der Traum aber ist Wirrwarr. Sein herrschendes Element ist die gesetzlose Verknüpfung von Bildern der nur reproduktiven Einbildungskraft. Es verbindet sich, ja erscheint als identisch, was nicht zusammengehört. »Im Einschlafen und leichten Fieber ist mir schon oft ein Mann wie eine Einmaleinstafel vorgekommen, und die Ewigkeit wie ein Bücherschrank. – Er müsste vortrefflich kühlen, sagte ich und meinte damit den Satz des Widerspruchs, den ich ganz essbar vor mir gesehen hatte«, sagt Lichtenberg in den »Nachrichten und Bemerkungen des Verfassers über sich selbst«. (...) Mir geschah es neulich, dass ich keuchend von einem Ritt schwieriger Art erwachte. Ich hatte mich bemüht, auf einem Kamm, dem ein paar Zinken fehlten, die Königsstraße hinauf Galopp zu reiten; die Bestie wollte durchaus nicht ansetzen und fiel links und rechts; vergebens drückte ich mit aller Macht die linke Wade an; ich fühlte nach dem Erwachen noch einen Krampf im linken Bein. Ich entsann mich nun, dass ich tags zuvor mit flüchtigem Verdruss gebrochene Zinken an meinem Kamm bemerkt, dass ich ferner am Abend mich an einem frischen Wort eines Reiteroffiziers erfreut hatte, der mir von mancherlei Umständen erzählte, die in der letzten Zeit wohl geeignet waren, seinen Lebensmut niederzuschlagen; er habe aber, als er sich von dieser Stimmung angewandelt fühlte, sich gesagt: das muss man nicht aufkommen lassen, man muss sich die linke Wade geben. Es leuchtet ein, wie der Traum diese zwei Momente auf seine Weise kombiniert und zugleich beide fortgebildet hat. Vielleicht war ein Leibreiz im Schlafe hinzugekommen, krampfhafter Zustand des linken Beins; diese Seite aber verfolge ich hier noch nicht; auf die Leibreizträume ist in anderem Zusammenhang zurückzukommen. – Eine junge Frau erzählt morgens ihrem Mann: sie habe sich im Traume besonnen, was sie ihm Gutes kochen könnte, habe ihm Mehreres vorgeschlagen, nichts habe ihm gefallen wollen; endlich habe sie ratlos gesagt: jetzt weiß ich nichts mehr – doch ja, das fällt mir noch ein: ich habe oben auf dem Boden eine Großmutter im Salz liegen, sie wird aber noch zäh sein. Der Träumerin hat sich in die sehr natürliche Vorstellung von Küche und Vorsorge für den Gaumen des Mannes irgendwoher aus einer andern Gedankenlinie die Vorstellung Großmutter eingeschoben.

Dies sind nun die puren »Assoziations«träume; gerade sie sind es, welche uns die Frage so besonders nahe legen, was wohl dabei im Gehirne vor sich gehe; denn hier schießen wie mechanisch oder magnetisch Vorstellungen zusammen, welche so sich nicht verbinden sollten; im wachen Zustande muss irgendeine Partie, Funktion des Gehirns, worin sich logisches Ordnen vollzieht, intervenieren und diese falschen Verbindungen hindern. Diese Träume sind nun Erzeugnisse der nur reproduktiven Phantasie; nur ganz relativ und entfernt kann man das Verbinden selbst, so falsch wie es ist, eine Art von Produktivität nennen. Der Galopp auf dem Kamm und die Einsalzung einer Großmutter sind immerhin auch Erfindung, Dichtung in ihrer Art; das Aktive darin ist ein Fortspinnen. Jeder auf seine Träume Aufmerksame wird auch beobachtet haben, dass der Traum es namentlich liebt, Vorstellungen, die im Wachen momentan eintraten, nicht verfolgt werden konnten, weil sie von anderem unterbrochen wurden, noch einmal aufzunehmen und weiterzuspinnen. Es begegnet mir jemand, während ich rasch über die Straße gehe; er ist vielleicht schon vorüber, bis ich mich auf seine Person besinne; ich denke etwa: ich hätte ihn freundlicher grüßen sollen, hätte ihn etwas zu fragen gehabt; aber ich habe keine Zeit, weiter daran zu denken, die Vorstellung wird schnell von anderen verdrängt. Diesen abgerissenen Faden ergreift nun der Traum und bildet ihn auf seine Weise fort, aber in den meisten Fällen närrisch. (…)

Noch ein hübsches Beispiel: eine Frau aus Stuttgart besucht ihre Schwester, Pfarrerin auf dem Lande. Ihr träumt, sie gehe mit dieser dem Schwager in die Predigt. Nach Beendigung des Gesangs besteigt der Pfarrer die Kanzel, verliest das Evangelium und beginnt hierauf beide Arme wie Flügel zu schwingen und zu krähen. Die Träumende sagt leis zu ihrer Schwester: du, das ist aber doch sonderbar gepredigt, worauf diese antwortet: ja, das geschieht infolge einer neuen Verordnung des Konsistoriums, welche so zu predigen vorschreibt. –

Darauf erwacht die also Belehrte an einem wirklichen lauten Hahnenschrei.

Tiefer natürlich geht das Wesen der produktiven Phantasie im Traume, wenn Stimmungen der Seele seinen Inhalt bilden. Er wird auf diesem Felde nicht immer des Symbols bedürfen, weil das klare Bewusstsein des Stimmungsgrundes als Reminiszenz in den Traum übergeht, aber im Wachen selbst schon verläuft ja das Bewusste in die Dämmerung des Gefühls, der Hoffnung, Furcht, Sehnsucht, des Ahnens, und daran hat der Traum reichen Stoff doch auch in diesem Gebiete zu symbolischem Bilden. Sorge, dass man die Geliebte, den Freund verlieren werde, Kummer über den wirklichen Verlust spiegelt sich oft genug als ein angstvoll vergebliches Nacheilen hinter der in langen Korridoren, Höhlen verschwindenden Gestalt; der Traum der Gräfin Terzky im »Wallenstein« ist aus sehr richtigem Gefühl dieser Symbolik gedichtet, aus noch viel tieferer Kraft der Versetzung in solches Element der schreckliche Todesangsttraum des Clarence in »Richard III.« Ein verstorbener Freund von mir befand sich in sonderbarer Gemütslage zu zwei Schwestern, die ihn beide liebten und zwischen die seine eigene Neigung sich rätselhaft unklar verteilte. In dieser Zeit träumte ihm, er finde einen Rosenstock, den eine der Schwestern ihm geschenkt hatte, verwelkt; er erschrickt, und in diesem Augenblick sieht er die andere aus einer dunklen Ecke des Zimmers hervorspringen und jubelnd in die Hände klatschen. Hier, sieht man, tritt die Symbolik in noch ungleich bedeutenderem Wirken ein als im Leibreiztraum; eine solche Traumszene erinnert doch unabweislich an das Verfahren des Dichters. (…)

So »zerfließend, zerflatternd« die Traumbilder auch sein mögen, der Traum ist und bleibt Dramatiker. Der Dichter vereinigt in seinem wirklichen poetischen Tun den Traum mit dem Wachen. Seine Gestalten kommen ihm, er sieht sie, als könnte er sie greifen, sie scheinen ihm einzugeben, was er ihnen eingibt, und zugleich weiß er doch hell, dass sie seine Geschöpfe sind, und dirigiert sie, wie und wohin er will; sie sind so täuschend leibhaft wie im Traum und ihre Leibhaftigkeit täuscht ihn doch nicht wirklich. Diese Entstehung der echten Gebilde der Dichtung verrät sich auch durch den traumähnlich wunderbaren Hauch, der sie umwebt, und zwar sowohl die ganz deutlichen als auch jene, welche der Aufgabe gemäß unbestimmt verschwebende Umrisse haben, musikalisch verklingen. Kein Dichter ist, wessen Gebilde nicht diesen Traumzauber haben. Wie könnte man also eine Ästhetik schreiben, ohne den Traum herbeizuziehen! (…)

Für die Wichtigkeit der Bedeutung des Traums ist aber noch auf ein anderes, ganz dem Leben angehörendes Gebiet hinzuweisen. Wer den Traum nicht des Studiums wert achtet, wird die Leidenschaft nicht verstehen. Sie geht nie einfach auf das Objekt, sondern auf ein Phantasiebild desselben, das als ein Unendliches erscheint, von jenem Zauberlicht vergoldet und von jenem Zuge zur höchsten Sehnsucht umweht ist wie Traumbilder. Die schönste dieser Verwechslungen, der schönste dieser Träume ist die Liebe. Daher träumt auch niemand mehr, niemand seliger und wehmutsvoller als der Liebende. Sehr wohl weiß es das Weib, dass sie in der Liebe dem Manne zu einem Geist aus unbekannten Sphären, zum Traumbilde wird; es ist ihr höchster Wunsch, dies zu werden, ihr einziges Glück, wenn sie es wird. Beiher sei gesagt, dass alle verrückten Mittel, ihre Erscheinung zu heben, alle unsinnigen Trachten aus dieser Wurzel wachsen. Könnte ich vielleicht *damit* dem noch nicht Gefundenen als Genius, als Fee, als Geist aus seligen Fernen erscheinen? denkt das Weib vor dem Spiegel und frisiert sich einen wahnsinnigen Turm, einen waldigen Kithäron, einen Orteles, einen Uri-Rotstock auf den Kopf. Doch ich wollte nicht spotten, eher noch entschuldigen; es ist ein an sich natürlicher und schöner Drang, der zu diesen Auswüchsen führt. (...)

Der bewusste Geist, so arm er einerseits erscheint, da es ihm nie gelingt, das unbewusste Tun, durch das er die Natur baut, mit seiner Erkenntnis einzuholen, und da sein Handeln aus Reflexion tausend Mal durch den sicheren Schritt jener unbekannten helldunkeln Macht beschämt wird, – der Geist ist doch das unendlich Höhere, weil er eine ganze zweite Welt baut, die Welt der Wissenschaft, des Staates und der Sittlichkeit. Wir wissen z.B. nicht, wie wir als Natur eine Hand bauen, aber unsere Maschinen, lauter Auseinanderlegungen der Hand und ihrer Leistungen, erweitern doch das Können der Hand ins Unendliche, – und in höherer Sphäre: große Gedanken der Menschheit schaffen in der Welt noch ganz andere Veränderungen, als die Sonnenaufgänge und Gewitter, welche die Weltseele in der Region ihres unbewussten Naturseins schafft. Die sittlichen Ordnungen, die der Mensch errichtet, sind sehr unvollkommen, dennoch beschämen sie die Natur; diese ist ebenso grausam als liebevoll, in der Menschenwelt gibt es Handlungen der Liebe und Verbindungen für ihre Zwecke, wogegen die instruktive Liebe in der Natur sehr arm ist.

Das ewige Rätsel also bleibt so gewiss stehen, als – die Notwendigkeit, ewig danach zu forschen. Denn Forschen ist Pflicht, weil die Natur durch uns erfahren will, wer sie sei und wie sie angefangen; sie wird es nie erfahren, und dennoch will sie, dass wir forschen, denn sie lässt uns sinken, wenn wir vom Forschen lassen. Ein Eines, das sich ewig aufs Neue, in unendlichen Formen ein Blindes, scheinbar grob Materielles unterbaut, um ihm ein Helles, Bewusstes überzubauen, – ein geistiges Prinzip, das im Menschen zu sich kommt und in ihm denselben Gegensatz in einem unerforschlich reichen System von Graden und Stellungen vertieft wiederholt: dort muss das ewige Rätsel liegen; auch der Gang der Kulturgeschichte ist nichts anderes als ein Prozess, das scheinbar höchst Bewusste (die reifste Bildung) in immer neuen Steigerungen zu einem Naiven herabzusetzen, indem eine bewusstere Kulturstufe ihm übergebaut wird. Der Traum aber in seiner reichen Armut und in seinem armen Reichtum, in seiner dummen Genialität und genialen Dummheit, ist und bleibt ein staunenswerter Zeuge und Bürge für die Einheit der scheinbar so ganz entgegengesetzten zwei Welten, der Natur und des Geistes; denn in ihm dichtet der Geist unbewusst, wie er unbewusst in der Natur schafft, und doch ist es der Geist und strahlen Lichter seines bewussten Tuns auch in sein Helldunkel: ein Geisterreich, das nur der höchst Geistlose unwert finden kann, es zu erforschen.

Der Traum.
(Kritische Gänge IV, 459–488; 1875)

Kunst

Wären wir nur erst schon da wieder angekommen, wo die alte Kunst stehen blieb, bei der inneren Freudigkeit, die ein Spiegelbild ihres Wohlseins, ihres politischen Kraftgefühls im ungelehrten Kostüm niederlegt! Dazu fehlt uns aber nichts weniger, als dass wir erst aufgehört haben müssen, Menschen zu sein, denen man in jedem Zuge ansieht, dass sie entweder selbst Polizeidiener sind, oder fürchten, es möchte ein Polizeidiener sie arretieren; Menschen, die von dem Gesetze einer falschen Scham beherrscht, jede Leidenschaft verbergen, jeden Ausdruck der Individualität verleugnen; registrierte, reduzierte, geleckte, beschnipfelte, bis oben zugeknöpfte, mit dem Lineal gemachte, mit der Beißzange abgezwickte Menschen. Wird der Künstler wieder ganze Menschen um sich sehen, dann mag er keck die besten herauslesen, sie uns als Helden der Vergangenheit in seinem Bilde vorführen und ihnen übrigens ein treues oder untreues Kostüm geben. Gegenwärtig aber stellt sich das Verhältnis so: die alten Künstler griffen keck in das volle Leben hinein, das sie umgab, und stellten die wackeren Gestalten, die es ihnen darbot, samt dem

Kostüm der Zeit frischweg als Apostel, Helden usw. hin; wir dagegen studieren das Kostüm treuer als ein Theaterschneider und stecken die hysterischen, ballgesichtigen und bleichsichtigen Weiber, die stutzigen, geckenhaften Männer unserer Gegenwart hinein. Wer ist denn also in Wahrheit historisch untreu? Wir oder jene? Welches ist denn die wahrere Madonna, jene edle altdeutsche Frau im genähten Rocke unter dem Apfelbaume, oder diese Gouvernante im Burnus unter der Palme? Dies freilich kann der Kunst unserer Zeit kein Vernünftiger zum Vorwurfe machen, dass ihr der Ausdruck der Heiligen nicht mehr gelingen will; wir haben billig an die Stelle des Heiligen das Gute gesetzt (...).

Es ist wahr, die bildende Kunst hat sich bereits zu reineren Formen durchgearbeitet, Streben und guter Wille ist da, aus der transzendenten Weltanschauung des Mittelalters ringt sich ein Glaube an die reale Gegenwart des Unendlichen hervor, welcher einst, wenn er erst die Masse durchdrungen haben wird, neue und große Werke der Kunst aus seinem Schoße erzeugen kann, der praktische Geist arbeitet gewaltig, sich der Realität zu bemächtigen und die Völker sehnen sich nach neuem Leben; aber unmittelbar führt dies alles noch so wenig zu begründeten Hoffnungen für die nächste Zukunft der Kunst, dass neben diese günstigen Bedingungen sich vielmehr ein ganzes Gebirge von Hindernissen stellt, bei deren Anblick man aussprechen muss: *entweder* es werden sich mit der geistigen Umgestaltung des Lebens, der wir entgegensehen, auch alle Lebensformen verändern, ihre prosaische Gestalt mit einer poetisch lebendigen vertauschen, oder die Kunst wird für immer verdammt sein, an den äußersten Rand des Lebens hingedrängt ein wurzelloses Scheinleben zu führen. (...)

Die Menge derer, welche unmittelbar in den Maschinengeist unserer Zeit verstrickt sind, darf sich das Bewusstsein jenes hohen Sinnes, der ihrem Treiben zugrunde liegt, keineswegs rühmen, ihr Geist ist zwischen Walzen und Rädern so prosaisch geworden, wie das ewig eintönige Sausen ihrer Maschinen, und sie fragen nichts danach, ob der tote Mechanismus vollends jeder lebendige Teilnahme der Individualität von der Hervorbringung der Produkte ausscheidet, ob das Fabrikwesen die gute alte Sitte ganzer Bevölkerungen, den ehrenfesten alten Handwerksgeist, das gemütliche Einleben der Seele in den Charakter der Arbeit vollends aufreibt, die kindliche Blüte physisch und geistig mordet, Scharen liederlicher, rechtloser Arbeiter und Arbeiterinnen in die Straßen der Städte ergießt, viele in Armut stürzt, um wenige zu bereichern, und so den Wohlstand, die Gesundheit, die Individualität, die Sitte, welche die Bedingung aller Kunstblüte ist, vernichtet. Wo der Sinn für Kunst Wurzel schlagen soll, wenn sein uralter Boden, das Handwerk, auf diese Weise vor unseren Augen entseelt wird, mag ein anderer einsehen. Aber der Fabrikgeist zehrt auch alle Formen auf, welche das Auge des Künstlers von Jugend auf bildend umgeben und für sein Werk ihm den unentbehrlichen Körper liefern sollen. Es ist hier nicht bloß von Dampfschiffen und Eisenbahnen die Rede, welche neben dem windbeseelten Segelschiff, dem von schnaubenden Hengsten gezogenen Wagen künstlerisch ganz wegfallen, nicht von den Verwüstungen, welche die wohlfeilen Lappen der Zizze und Kattune in den Volkstrachten angestellt haben, nicht von dem tausendfachen uns überall umgebenden Geräte, das auf den ersten Anblick dem Auge sagt, dass es nicht aus der lebendigen Hand, sondern aus der toten Maschine kommt, sondern es ist von dem mechanischen Charakter die Rede, der sich im weitesten Sinne allen Formen aufgedrückt hat, von dem Maschinenlaufe des ganzen Staatswesens, der dem Individuum den ledernen Charakter des Philisters aufzwängt, von den falschen Anstandsfesseln der Gesellschaft, des Gespräches, der Dressur der Erziehungsanstalten, dem Zopf- und Gamaschendienst des Militärs, der farblos dürftigen, hungrigen Kleidertracht, welche nicht erlaubt, auch nur eine volle Farbe, ein bisschen Phantasie anzubringen, wenn man nicht für einen Narren oder Kunstreiter gelten will, von der öden Kahlheit unserer Häuser und Straßen, der kläglichen Anstrengung, uns auf unsern gemachten Schulmeisterfesten vergnügt zu stellen, dem schlaffen, affektiert nachlässigen Rutschen, das wir Tanz nennen: kurz, es ist die Rede von einem Zustande, über den sich jeder,

der einen Begriff davon hat, was leben heißt, wie anders die Völker einst atmeten, geradezu erhängen müsste, wenn nicht unsere Zeit tiefere geistige Nahrungsquellen hätte, die dem ernsten Menschen für die verlorene Jugend und Frische des Lebens Ersatz geben. Selbst auf die Tierwelt erstreckt sich diese Ertötung. Die fortschreitende Kultur vertilgt alles Wild, und damit man auch die Haustiere nicht mehr in ihrer Freiheit sehe, hat die Landwirtschaft die Stallfütterung eingeführt. Wer die lebensvollen Vergleichungen Homers aus der Tierwelt, wer die herrlichen Stellen im Hiob über den wilden Esel, den Stier usw. mit Sinn gelesen hat, wer da weiß, was eine tierische Staffage in der Landschaft zu bedeuten hat, wird mich verstehen. (…) Ja, ich muss bekennen: wenn ich dies alles überblicke, wenn ich erwäge, dass dieses Auflecken aller unmittelbaren Lebendigkeit nur immer mehr zunehmen muss, weil es im Interesse der Bildung ist, wenn ich mich dann erinnere, wie die Kunst, wenn sie irgend fröhlich blühen soll, überall gerade das entgegengesetzte Interesse hat und lauter Formen bedarf, die einem Zustande angehören, wo Behagen und Luxus zwar eine gewisse Stufe erreicht haben, aber noch nicht diejenige, auf welcher das Maschinenhafte die unmittelbare sinnliche Betätigung der Individualität erspart: *dann verzweifle ich völlig an aller Zukunft der Kunst*. (…)

Kunstbestrebungen der Gegenwart.
(Kritische Gänge V, 56–87; 1843)

Die Musik kann und soll nicht *malen*. Ihr Charakter ist Gegenstandslosigkeit. Die ganze Welt der Körper kann sie nur mittelbar darstellen, nämlich in ihrer subjektiven Wirkung. Von dem Leben des subjektiven Geistes fallen aber alle Formen, worin die Entgegensetzung zwischen Subjekt und Objekt wirklich vollzogen ist, aus demselben Grunde – weil sie nämlich keine Objekte geben kann – für die Musik weg, und es bleibt ihr nur die ungeschiedene Einheit der verschiedenen psychischen Funktionen, das reine Innewerden seiner selbst, die Empfindung, der dunkle Schoß, aus welchem alle bestimmten Seelentätigkeiten auftauchen, dessen Erinnerung sie in ihrem Verlaufe begleitet, und in welchen sie erlöschend zurücksinken. Somit ist die Musik eine rein subjektive Kunst; die ganze sichtbare Gestaltenwelt und die ganze Welt geistiger Tätigkeiten, die ein Objekt voraussetzen, kann sie nur durch das Medium ihrer Resonanz in der Empfindung aussprechen. In sich zwar hat die Empfindung ein unendliches Leben bestimmter Unterschiede; aber verglichen mit den anderen Sphären des Geistes ist sie doch nur ein unbestimmtes Weben in sich.

Die Musik hat alles und hat nichts; dies ist ihre eigentümliche Antinomie und der Grund, warum über keine Kunst so großer Widerstreit der Urteile herrscht. Wer implizierte Unendlichkeit sucht, den entzückt sie, wer objektive Bestimmtheit sucht, den täuscht sie. Sie beglückt das Weib und den weichen, innigen Mann, sie genügt dem scharfen, denkenden Geiste nicht. Sie ist für den, der auf das Sehen organisiert ist, zu abstrakt geistig; für den, der die höchste Form der Kunst, die Poesie im Auge hat, zu sinnlich. Sie konnte bei den Alten sich nicht in ihrem eigentümlichen Wesen ausbilden, sie waren zu plastisch, zu sinnlich; sie gehört dem romantischen und modernen Ideale an, also dem geistigeren, dem Ideale der Innerlichkeit; aber hier blüht sie am meisten bei den sinnlicheren Völkern, und das Theater beherrscht sie, wo das geistigere Drama in Verfall gekommen ist. (...) Die Musik beginnt objektiv mit dem strengen Kirchenstile, sie nimmt das Subjektive aus dem Volkslied auf, führt es als erwärmendes Element in ihre strenge Einfachheit ein, bildet so das auf dem Übergang stehende Oratorium, und vereinigt endlich beide Gegensätze in der wahrhaft modernen Form, der weltlich freien Musik, der Oper. (...)

Plan zu einer neuen Gliederung der Ästhetik.
(Kritische Gänge IV, 159–197; 1843)

Das wahre Lachen ist durchaus *gutmütig*. Das Erhabene und das unendlich Kleine spielen ineinander, und dieses Spiel ist das Komische. Der Zuschauer ruft aus: so groß, und doch wieder so klein! So klug, und in dieser Klugheit so töricht! So viel Sinn, und in diesem Sinn so viel Unsinn! So viel Kraft, und in dieser Kraft so viel Schwäche! Wie ist es doch nur möglich, man meint ja fast, es könne nicht sein! Wir bemühen uns, den Widerspruch zu reimen, und es geht nicht: es geht nicht, und wir versuchen es doch wieder, und diese An- und Abspannung erzeugt das fröhliche Gelächter. Hier wird es nun erst recht klar, warum der Mensch und sein Treiben der eigentliche Gegenstand des Komischen ist. Denn er ist in jedem Augenblick an die Bedingungen des Natürlichen und Zufälligen gebunden und ebensosehr darüber erhaben, er ist eben der wandelnde Widerspruch, von dem wir hier sprachen. Im Drange der höchsten Gefühle kann ihn das absolut Kleine und Winzige überraschen. In der schönsten Rührung des Wiedersehens wollen sich zwei Freunde in die Arme stürzen: indem sie sich umarmen und küssen, stoßen sie sich die Hüte vom Kopf, und sie lachen. Nun stört aber dies Lachen ihre Rührung nicht, beide Stimmungen durchdringen sich; denn die Natur des Menschen, nach welcher er solchen abgeschmackten Zufälligkeiten ausgesetzt ist, ist ja dieselbe, die dieser schönen Rührung fähig ist, und beides ist sie in demselben Momente. Wir sehen jemand voll des Gefühls der Erhabenheit an den gestirnten Himmel hinaufblicken, aber der Gute hat lange nichts gegessen, er kann sich den Gedanken an eine fette Hammelkeule denn doch nicht ganz ferne halten, und es ist derselbe Mensch, den der höchste Aufschwung des Gefühls und den die unabweislichen Anforderungen des Magens beherrschen. Der Frivole kennt diesen Widerspruch nicht; sagt man ihm: sieh, dieser Mensch, der mit leuchtendem Auge nach dem Himmel sieht, hat eben jetzt einigen Hunger, so schließt er: also ist jenes schöne Gefühl erlogen. Seine Lebensansicht ist *einfach*, hält nur die *eine* Seite für reell, die komische ist *in sich gedoppelt*. Im Komischen ist das Erhabene das Wahre, und wieder nicht, denn es wird vom Niedrigen unterbrochen, das Niedrige ist das Wahre, und wieder nicht, denn es ist am und im Erhabenen; so ist denn das eine und das andere wahr, das Wichtige unwichtig und das Unwichtige wichtig, der Gott des Unsinns nimmt die Welt in Besitz, alle Bestimmungen taumeln durcheinander, alles ist gleichgültig, und dass alles gleichgültig ist, ist auch wieder nicht wahr, und dies ist auch wieder nichts, und über der allgemeinen Auflösung alles Fixen und Festen steht nur das fröhliche Subjekt, das lachend die Hände in die Seite stemmt und auf die zur tollen Unruhe und zum Tanze des Widerspruchs verkehrte Welt heruntersieht. (…)

Auch der Witz besteht darin, dass eine Erhabenheit zu Falle gebracht wird. Es ist aber dieselbe in dieser Form des Komischen abstrakt verständiger Natur: es ist nämlich der Ernst des verständigen Zusammenhangs der Vorstellungen untereinander, welcher aufgelöst wird. Ein Begriff, eine Vorstellung meint an ihrem Ort zu gelten und einem wohlgegründeten, rationellen Zusammenhang anzugehören; aber unversehens hat sie der Witz am Schopfe und wirft sie mit der entlegensten Vorstellung aus einem ganz anderen Gebiete in *eine* Kategorie; er ist, sagt *J. Paul*, der verkleidete Priester, der jedes Paar kopuliert. Ist es erlaubt, jenen Zusammenhang die Lokation der Begriffe zu nennen, so ist vom Witze zu sagen, dass er diese Lokation durcheinander würfelt, dass er sie in scheinbar sinnige neue Kombinationen auflöst, in Wahrheit aber in einen sinnlosen Taumel hineinreißt. Denn einen eigentlichen Sinn hat kein Witz; in jedem ist, wie im Komischen überhaupt, das *punctum saliens* eine Ungereimtheit. Aber er bringt den Schein hervor, als habe sein Spiel einen Sinn, der Zuhörer wird einen Augenblick in diese Illusion hineingezogen, dazwischen aber bleibt es ihm dennoch gegenwärtig, dass es nur ein Schein ist, und dieser Widerspruch erzeugt, wie bei allem Komischen der Widerspruch es tut, das Lachen.

Um sogleich mit einem guten Witze zu beginnen, will ich für meine letztere Behauptung den *Börne*schen anführen: »Als *Pythagoras* seinen Lehrsatz erfunden hatte, opferte er eine Hekatombe: seitdem zittert jeder Ochs, so oft eine neue Wahrheit entdeckt wird.« Dies überrascht und ist entschieden sinnreich. Allein offenbar ist objektiv kein Sinn in diesem Gedanken. Denn die Ochsen, welche *Pythagoras* opferte, stehen mit den uneigentlichen Ochsen, mit welchen sie verglichen werden, in keinem Zusammenhang, außer in einem bildlichen, die Beziehung ist nur durch eine herkömmliche Vergleichung hervorgebracht. Beide Teile dieses witzigen Satzes, das Faktum, das von *Pythagoras* erzählt wird, und die Tatsache, dass die Beschränktheit vor neuen Ideen zittert, haben also in sich nichts Verwandtes und gehören ganz verschiedenen, gegenseitig beziehungslosen Vorstellungsreihen an. Allein, dass der kecke Sprung des Witzes sie aus ihrer Reihe herausreißt und blitzschnell verbindet, dies erzeugt das Schlaglicht eines scheinbaren Zusammenhangs. Wäre ein wirklicher da, so würden wir nicht lachen: sondern, dass keiner da ist und in diesem Witze doch einer hervorgebracht wird, diese unendliche Willkür des Verstandes überrascht, belustigt uns (…).

Leute, die nicht viel Witz aufzubieten haben, pflegen den antithetischen Absprung durch einen Gedankenstrich anzukündigen, wodurch die Überraschung gerade aufgehoben wird, da dieses Zeichen nichts anderes sagt als: Achtung, jetzt kommt ein Witz! Ganz fatal ist es, wenn dann nicht einmal einer kommt; es ist eines der widerlichsten Gefühle; man schämt sich für den Schriftsteller. (…)

Über das Erhabene und Komische.
(Kritische Gänge IV, 3–158; 1837)

Sprache

Der Dichter sagt von der sinkenden Sonne: »die in Wolken sich tief, gewitterdrohend verhüllte, aus dem Schleier bald hier, bald dort mit glühenden Blicken strahlend über das Feld die ahnungsvolle Beleuchtung«; jeder Leser weiß, dass solche Beleuchtung einfach ein seelenloses, rein physikalisches Scheinen von Licht in Dunkel ist, dem also ein Ahnen eigentlich durchaus nicht beigelegt werden kann, und kein Leser, der irgend Phantasie hat, wird dies, während er hingegeben liest, sich sagen; willig, ohne allen Einwand lassen wir uns in die schöne Vorstellung hineinziehen. Nachher, ein andermal, wenn es gilt, zu zerlegen, dann, in prosaischer Stimmung, verbergen wir uns nicht, dass der Dichter uns täuscht, aber wir tadeln nicht, vielmehr wir loben diese Täuschung. Es muss in der Natur der menschlichen Seele liegen, dass sie sich und ihre Zustände so hinüber- und hineinversetzt in Daseinsformen, die an sich nichts damit zu tun haben, und der Dichter ist dieser Natur gemäß verfahren. Auch wer nicht Dichter ist, wenn nur nicht ganz geistlos, verfährt so, die ganze Sprache ist von poetisierenden Ausdrücken durchzogen, die auf dieser frei-notwendigen Täuschung beruhen, der Morgen lächelt, die Bäume flüstern, der Donner grollt, die Gewitterwolke droht, die wilden Wogen wüten. Unbeseeltes jeder Art wird mit Willen ausgestattet: die Traube *will* Wärme, der Nagel will (aus dem Brett) nicht heraus, das Päckchen will nicht in die Tasche hinein; wenn der Schütze sagt: die Kugel hat Holz, so legt er ihr den Wunsch, das Begehren unter, in das Holz der Scheibe einzuschlagen. Ist doch die Sprache an sich, wo sie ganz bildlos scheint, durchaus bildlich in diesem Sinn. (...)

Das Symbol.
(Kritische Gänge IV, 420–456; 1887)

Die leichtere Sprechbarkeit kommt vor allem in Betracht, wenn es Eile hat. Man sagt schneller und leichter pardon als: entschuldigen Sie, oder auch nur: Entschuldigung, verzeihen Sie, oder auch nur: Verzeihung. Oha wäre freilich noch kürzer, ist aber doch zu wenig. Warum ist adieu schon im Mittelalter aufgekommen und, in ade verwandelt, selbst ins Volk gedrungen – warum? Gewiss, weil es sich leichter spricht als: Behüt Gott, mit seiner Mehrzahl von Selbstlautern; »lebewohl« wäre ebenfalls weich, aber dies geht nur, wo man duzt, »leben Sie wohl« ist zu lang. Retour(billett) rutscht an der Bahnhofskasse glätter aus dem Mund als: Rückfahrt(billett), ja als selbst nur: Rückbillett. Es handelt sich aber nicht bloß um Augenblicke der Eile; die Lautglätte ist verführerisch, auch wo man Zeit hätte für das härtere deutsche Wort. Für süße Leckerei wird das französische Bonbon kaum zu verdrängen sein; wir hätten das ganz passende Wort, – schon indem ich es schreiben will, hemmt mich eine Schwierigkeit: Gutchen oder Gutlein? Ich weiß nicht einmal, ob irgendwo die Form Gutchen nur gekannt ist; das Unglück hat ja gewollt, dass statt des weicheren lin, lein, le, das härtere chen, gebildet aus dem niederdeutschen ke, als Verkleinerungsendung sich festsetzte, als das Neuhochdeutsche entstand; das schwäbische Volk sagte Gutle (Mehrzahl Gutle, mit dumpfem e), das ist in der Reinsprache nicht gültig, Gutlein klingt zu bedeutend, weil wir das, übrigens verstoßene, lein zwar doch noch zu Hilfe rufen, wo durch das chen eine unleidliche Härte entstände wie Bächchen, die Endung aber doch fast nur in der Poesie gewagt wird. Und diese Verlegenheit führt dann zu der Auskunft Bonbon, Bonbons. – Wollte man sehr nachsichtig sein, so könnte man sagen: Logis, vis-à-vis, Kuvert, gratulieren, kondolieren, jaloux gleitet leichter aus dem Mund als: Wohnung, gegenüber, Umschlag, glückwünschen, Beileid bezeigen, eifersüchtig; aber das führte wahrlich zu weit, da stieße man lieber gleich die ganze deutsche Sprache um.

Nicht zu nachsichtig also, aber doch lässlich! Dies führt zu einem andern Punkt, zu einer allgemeineren Erwägung. Es handelt sich noch um anderes als um entschuldbare Härtevermeidung. Man soll nicht den Pedanten – halt! Fremdwort! wie übersetzen? Enggeist? Kleingeist? Klauber? Schulfuchs? Halten wir es mit Goethe, sonst kommen wir nicht weiter:

Sinnreich bist du, die Sprache von fremden Wörtern zu säubern;
Nun, so sage doch, Freund, wie man Pedant uns verdeutscht!

also: man soll nicht den Pedanten machen. Es gilt auch in diesem Gebiete: Freiheit! Lebenlassen! Sprache ist ein freies Wesen, soll und will nicht in Angst vor Polizeidienern leben. Einer Sprache ist es nicht angst, sich zu verlieren. Ist sie reich – und die deutsche ist es doch unbestritten – sie achtet ihren Reichtum nicht für Raub. Sie nimmt mit ruhigem Gewissen aus fremden Sprachen, was ihr dient. Leiht sie doch andern Sprachen reichlich aus ihrem Schatz, neidlos; soll sie nicht auch Anlehen bei ihnen machen dürfen? Bezahlen sich davon nicht die Schulden von selbst? Soll sie sich sperren gegen Verkehr und Wechseltausch mit den Bildungsvölkern fremder Sprache? Könnte sie, wenn sie es wollte? Hat sie nicht aus den frühesten Zeiten Fremdlinge zu Tausenden in ihrer Behausung, die nur der Gelehrte als solche erkennt? Ist Kirche, Predigt, Pfarrer, Priester, Bischof, Engel, Teufel, Pforte, Kelch, Spiegel, Pfund, Vogt, Meister, Pferd, Felleisen, Form, Regel, Linie, Person, Natur deutsch? Man nennt, wie dem Leser bekannt sein wird, diese längst eingebürgerten Wörter Lehnwörter im Unterschied von Fremdwörtern, die in neueren Zeiten herbeigeholt, in ihrer weniger oder gar nicht ungestempelten Form als solche sich verraten. (…) Wenn der Umgang und gegenseitige Einfluss der Völker uns Scharen von Lehnwörtern gebracht hat, warum nicht auch etliche Hundert Fremdwörter? (…)

Der Deutsche bringt nicht gern dasselbe Wort in einem Satze zwei Mal oder im nächsten sogleich wieder; dies ist keine üble Abneigung; der Franzose nimmt es, soviel ich beobachtet zu haben glaube, hierin leichter. Es wird also keine Sünde sein, wenn er hier aus kaum anderm Grund als dem genannten ab und zu wechselt zwischen: Augenblick und Moment, entschlossen und resolut, geschehen oder zustoßen und passieren, Tatkraft und Energie, entsagen oder verzichten und resignieren, ausnehmend oder ungemein und enorm, ehrlos oder schmählich und infam, gewöhnlich und ordinär, Achtung, achtbar und Respekt, respektabel, folgerichtig und konsequent, abgeschmackt und absurd, niederlegen und deponieren. Schon hier, wo nur überhaupt von Lässlichkeit die Rede ist, kommt nun aber doch schon etwas Bestimmteres in Betracht. Das Fremdwort gibt häufig dem Begriff, der ausgedrückt werden soll, eine – halt! ich will eben schreiben: eine gewisse Nuance – wie das übersetzen? Schattierung? ist nur in der ersten Silbe deutsch! sagen wir etwa: Abschattung? Sinnfärbung? – in Gottes Namen also: eine besondere Sinnfärbung, die in einem gegebenen Zusammenhang erwünscht sein kann. Zum Beispiel eine halbkomische, heitere, etwa auch verächtliche; kapabel, Courage sagt man gern halblächelnd für fähig, für Mut, kurios klingt schnurriger als sonderbar, passabel sagt man mit einem gewissen Achselzucken, wo annehmbar, mittelmäßig oder das etwa zu wagende Wort: durchlassbar nicht recht zutreffen will. Kompanie für Gesellschaft kann in lustiger Laune auch geringschätzig, ja verwerfend gesagt werden; stupid ist stärker als dumm, sublim ist etwas schwächer als erhaben, kann aber ebenfalls mit Scherzton für dies ernstere deutsche Wort gesetzt werden. (…)

Genug aber nun, übergenug vielleicht schon der Billigkeit. Die Gegner der Strenge in Sachen der deutschen Fremdwörterliebe können sich gewiss nicht beschweren, dass wir sie nicht angehört. So ist es nun Zeit, zu sagen: nicht von Fremdwörterliebe, sondern von Fremdwörter*sucht* ist zu reden, von einem Laster, von einer Schande, ja – warum das Wort nicht gebrauchen, da es für dieses Übel wie gemacht ist – von einer wahren Affenschande. Keiner der rücksichtsvoll aufgeführten Gründe entschuldigt das schmachvolle Übermaß; insbesondere der nicht, den wir oben zuerst aufgeführt haben: das Deutsche ist hart, aber dafür ist es charakteristisch; *dolore, douleur* spricht sich weicher als Schmerz, aber der Laut Schmerz drückt schärfer aus, was empfunden wird. Geschichtlich dient zur Erklärung außer dem Riss und Bruch, den im Dreißigjährigen Kriege das deutsche Selbstgefühl erlitten hat, die Hugenotten-Niederlassung in Preußen: ein Ereignis fruchtbringender Art, wie man weiß, nach dieser Seite jedoch von übler Wirkung: das Fremdwortunwesen ist in Preußen stärker als im Süden Deutschlands, freilich nur noch stärker, denn stark genug ist es wahrlich auch hier, wo die Rheinbundszeit mit vollen Händen das Unkraut gesäet hat. Fast das siebente Wort, wie man berechnet, ist fremder Federaufputz. »Die Verachtung der deutschen Sprache lernen wir von den Deutschen«, muss sich vom Franzosen der Deutsche sagen lassen und – schämt sich nicht. Er rühmt sich der Bezeichnungskraft, der Innigkeit, des Reichtums seiner Sprache und bettelt ehrlos vor französischen, italienischen, englischen Türen. Ehrlos: damit ist der negative Grund des Lasters ausgesprochen. Das Nationalgefühl sitzt uns nicht im Blute, nicht im Schlage (warum nicht dies Wort für Rasse?) wie den romanischen Völkern; die Angelsachsen verdanken ihr feurigeres Vaterlandsgefühl nicht am wenigsten dem Zusatz romanischen Safts in ihren Adern. Aber nicht Mangel einer Kraft kann der letzte Grund sein, der positive ist klägliche Eitelkeit. Es ist ja freilich wahr, dass es ein Merkmal von Bildung ist, einer fremden Sprache mächtig zu sein; man mag sich nur schämen, als Niemiz zu erscheinen, aber aus diesem Körnchen Wahrheit soll man keinen Berg von Ziererei machen! (...)

Von der Küche ist kaum anzufangen, im Speisenamengebiet sieht es gar zu abscheulich aus. Vom Menü ist schon die Rede gewesen. Ein Wort über Sauce! man will mit: Salse abhelfen, das aber dasselbe Wort ist, nur lateinisch oder italienisch, nicht französisch. Mann kann ganz wohl Tunke setzen, obwohl Sauce nicht immer zum Eintunken ist, aber besser freilich Brühe. Hierzu eine Bemerkung, die sehr allgemein gilt, aber hier sich gerade passend anknüpft. Haben wir einmal für ein gutes deutsches Wort in unserer dummen Vornehmtuerei ein Fremdwort eingeführt, so scheint daneben jenes gemein. Eine Dame sagte mir: Brühe klinge gemein. Warum soll denn Brühe gemein und Sauce nicht gemein sein? war natürlich zu antworten. So heißt es denn nun Bouillon statt Fleischbrühe! Zur Zeit meiner jüngeren Jahre fiel das keiner Seele ein. Auch von Kotelett wusste man nichts, man sagte eben Rippchen. Auch Roastbeef gab es nicht, wohl aber Rostbraten. Für Dessert war Nachtisch gut genug. Warum tranchieren für zerlegen oder vorschneiden? Doch nicht weiter hievon, man kennt die Sprache unserer Speisezettel. (...)

Zur Sprachreinigung.
(Kritische Gänge II, 525–546; 1886)

Der schwäbische Dialekt spricht treu wie jeder Dialekt den Volksgeist aus. Ich spreche von dem Dialekte in Alt-Württemberg, der zwischen dem des oberen und unteren Neu-Württemberg in der Mitte steht. Die rauen und harten Töne, das Unfreie und Schwere des Oberschwäbischen hat er ausgestoßen und neigt sich zu den weicheren Formen des Fränkischen. Die Nähe Frankens, dessen beweglichere und zugespitztere Sprache, dessen freiere Form und Sitte den Übergang zur norddeutschen Art bildet, sowie die frühen Einflüsse der Reformation als der Mutter des neuhochdeutschen Sprachniederschlags haben hier den alemannischen Dialekt aufgeweicht und aufgeklärt, ohne ihm das Zutrauliche, Heimliche, Offenherzige, Liebkosende, Naive zu nehmen. So durchdringt sich auch hier das Freie, Selbstbewusste, Reflektierte mit dem Sinnlich-Behaglichen, das Straffere mit dem behäbigen Schlendern. Die Norddeutschen sind in der Nachahmung unseres Dialekts besonders unglücklich; Altbayerisch, Österreichisch, Schweizerisch, weiß der Himmel was noch, wird für Schwäbisch ausgegeben, und die Schwaben ärgern sich darüber, weil der Dialekt zu der innersten Individualität gehört, und man ja niemand zwingt, unseren Dialekt nachzuahmen, der es nicht versteht. Zu den bezeichnenden Erscheinungen gehört auch dies, dass vielleicht mehr als irgendwo in Deutschland (die Schweiz und Österreich ausgenommen) auch die gebildeten Stände den provinziellen Dialekt reden, sodass auch nach dieser Seite das Reflektierte und durch Bildung Vermittelte im Elemente der Unmittelbarkeit verblieben ist. Der Norddeutsche befindet sich in Beziehung auf die Sprache in einer ganz anderen Situation. Da der ober- und süddeutsche Dialekt es war, aus dem das jetzige Hochdeutsch mit ungleich geringerem Einschlage des Plattdeutschen sich gebildet hat, so liegt für den Norddeutschen eine trennende Kluft zwischen seinem Dialekte und der gebildeten Sprache. Er hat von seinem Dialekte aus viel weiter zu dieser als der Süddeutsche, eben daher spricht er sie besser, denn er verzichtet von vornherein auf die Rechte seines Dialekts und redet sie von Kindesbeinen an als Kunstsprache, wodurch eine solche Fertigkeit entsteht, dass sie ihm zum Dialekte, zur Natursprache wird und derjenige, der die Geschichte der deutschen Sprache nicht kennt und nicht weiß, dass Hochdeutsch eigentlich Süddeutsch bedeutet, in den Irrtum gerät, das Hochdeutsche sei in Norddeutschland zu Hause. Weil nun der Norddeutsche seinen ursprünglichen Dialekt von vornherein auf die Seite legt und nur im engsten Kreise anwendet, so ist, indem die Kunstsprache seine gewöhnliche ist, sein ganzes Bewusstsein von vornherein anders bestimmt: durch den Klang und Charakter seiner Rede fühlt er sich von Hause aus in das Element der modernen Reflexionsbildung gestellt, in das Element der Allgemeinheit, worin von dem Individuellen und Unmittelbaren provinzieller Naivität abstrahiert ist.

Eben daher fühlt er sich mehr als Deutscher überhaupt, während derjenige, der im Dialekte redet, sich mehr als Kind seiner Provinz fühlt. (…)

Dr. Strauß und die Württemberger.
(Kritische Gänge I, 1–106; 1844)

I.

Wohl mir, dass ich im Land aufwuchs, wo die Sprache der Deutschen
Noch mit lebendigem Leib im Dialekte sich regt,
Milch der Mutter noch trinkt, noch quellendes Wasser am Borne,
Vom Schulmeister noch nicht rektifiziertes Getränk!
Immer wenn Einer spricht, der nie gelebt in der Mundart,
Hör' ich im Oberton einen didaktischen Klang.

II.

Freue des Lobs dich nicht, mein biederer schwäbischer Vetter,
Der du verwachsen blind im Dialekte noch steckst,
Der du kokett naiv vor fremden Ohren ihn bloßstellst:
Dazu, gemütlicher Freund, ist er zu schlecht und zu – gut.
Nicht versteht es die Welt, welch' ungehobene Schätze
Köstlichen echten Golds er noch im Schoße bewahrt.
Draußen weiß man es nur, dass er nicht korrekt und modern ist,
Und der Ironiker lacht über das lallende Kind.
Dass ein Schnitzer ihm scheint, was organisch gut und naturvoll,
Reicher und saftiger ist, wundre und ärgre dich nicht!
Unrecht hat er, es sei! Doch Recht auch hat er im Unrecht;
Sieht er auch farblos hell, sieht er doch heller als du.
Soll vom Besondern heraus das Allgemeine sich bilden,
Schwindet auch immer ein Teil Frische und Fülle dahin.
Kennst du es ganz, das Gut, wenn in Einer Sprache sich finden,
Sich empfinden, versteh'n sämtliche Stämme des Volks?

Kennst du des Gutes Wert? Er ist unendlich. Die Mundart,
Traulichem Lampenschein gleicht sie im wohnlichen Haus,
Aber die Sprache, sie gleicht der Königlichen, der Sonne,
Wie sie in's Offne hinaus Meere des Lichtes ergießt.

III.

Also, Lieber, was folgt? Man befehle jeglichem Schwaben:
Drei der Jahre hindurch sprichst du kein schwäbisches Wort!
Wenn dir Eines entfällt, so trifft dich empfindliche Strafe:
Etwa mit Einer Mark werde die Silbe gebüßt!
Ist sie zu Ende, die Zeit, so bist du entlassen und frei nun
Stehst du, ein wählender Herr, über und im Dialekt,
Meidest, wo er nicht passt, und sprichst ihn, wo er im Recht ist,
Unter den Deinen, im Haus, in dem befreundeten Kreis,
Scheidest mit freiem Blick, was er hat, von dem, was er nicht hat,
Scheuest vielleicht sogar einiges Studium nicht.
Nun erkennst du das Gold, das einst die Sprache zurückließ,
Als sie aus Mundartschoß langsam und schwer sich entband,
hebst es mit sicherem Griff und rückst es kühnlich ins Licht vor,
Wo die Sprache der Schrift Lücken und Blößen dir zeigt.
Jetzt, Freund, bist du im Recht und magst des Kritikers lachen,
Der von Sprache nur weiß, wie sie die Schule doziert.
Lass ihn stehen, den Kopf, der eine lebendige Sprache
Vor der Bereicherung Glück hütet, als wäre sie tot,
Lass ihn stehen, er riecht ja nichts, er ist ja von Leder,
Lederne Nase verspürt nimmer den Hauch der Natur.

IV.

Zeitungsdeutsch, ihr meine Lieben,
Nein! Das hab' ich nie geschrieben,
Die Setzer hab' ich arg erschreckt,
Die Korrektoren hart geneckt.
Sie aber waren auch nicht dumm,
Sie drehten klug den Stiel herum,
Sie haben mir's ins Wachs gedrückt:
Mit Besserungen zum Verzweifeln
Ward mir von diesen schwarzen Teufeln
Zum Schlusse noch der Text beglückt.

Sprache.
(Lyrische Gänge, 147–150; 1882)